La traducción del mundo

Juan Gabriel Vásquez

La traducción del mundo

Las conferencias Weidenfeld 2022

Papel certificado por el Forest Stewardship Council®

Primera edición: septiembre de 2023

© 2023, Juan Gabriel Vásquez
c/o Casanovas & Lynch Agencia Literaria, S. L.
© 2023, Penguin Random House Grupo Editorial, S. A. U.
Travessera de Gràcia, 47-49. 08021 Barcelona

© Diseño: Penguin Random House Grupo Editorial, inspirado en un diseño original de Enric Satué

Imágenes interiores:
Pág. 30: © *The Harvesters*, Pieter Brueghel el Viejo (neerlandés, Breda (?), ca. 1525-Bruselas, 1569)
Rogers Fund, 1919. Museo Metropolitano de Nueva York. Open Access
Pág. 32: © Imagen procedente de los fondos de la Biblioteca Nacional de España
Pág. 34: © Archivo Fotográfico del Museo Nacional del Prado
Pág. 41: © Ilustración: Nastasic © Getty Images. Texto: © Wikimedia Commons
Pág. 46: © Juan de Pareja (1606-1670), Velázquez (Diego Rodríguez de Silva y Velázquez), español,
1599-1660. Compra, Fondos Fletcher y Rógers, y legado de la Srta. Adelaide Milton de Groot
(1876-1967), por intercambio, suplementado con donaciones de amigos del Museo, 1971.
Museo Metropolitano de Nueva York. Open Access
Pág. 48: © Archivo Fotográfico del Museo Nacional del Prado
Pág. 62 © Sady González. Archivo fotográfico. 1938-1949. Colección de Archivos Especiales.
Sala de Libros Raros y Manuscritos. Biblioteca Luis Ángel Arango
Pág. 63: © M. Ezequiel de la Hoz. *General Rafael Uribe Uribe*, ca. 1900.
Copia en albúmina (Papel albuminado / Cartón). 10,5 x 6,5 cm. Colección Museo Nacional de Colombia, reg. 3694
Reproducción: © Museo Nacional de Colombia / Ángela Gómez Cely
Pág. 64: © Korff & Honsberg / Collins & Co. Steel. *Hachuelas con las que se dio muerte a
Rafael Uribe Uribe*, ca. 1914. Forja (Acero y madera). 35,5 x 17 x 2,6 cm; 35 x 15,5 x 3 cm.
Colección Museo Nacional de Colombia, reg. 18
Fotografía: © Museo Nacional de Colombia / Cristian Camilo Mosquera Mora
Pág. 65: © Archivo personal del autor
Pág. 73 inferior: © Ricardo Rendón. Caricatura publicada originalmente en *El Tiempo*, 1928
Págs. 100 y 101: © Archivo personal de Sergio Cabrera
Pág. 121: © Thekla Clark, Getty Images
Pág. 123 superior: © Fotografía de Marie-Lan Nguyen, 2011
Pág. 123 inferior: © Archivo personal de Marianella Cabrera
Pág. 128: © Archivo personal del autor
Pág. 155: © 2023 Heirs of Josephine N. Hopper / Licensed by Artists Rights Society (ARS), NY

Printed in Spain – Impreso en España

ISBN: 978-84-204-7616-2
Depósito legal: B-12037-2023

Impreso en Gómez Aparicio, S. L., Casarrubuelos (Madrid)

AL76162

Índice

A Hisham y Diana Matar

Me percataba de que este libro esencial, el único verdadero, no necesita que un gran escritor lo invente, en el sentido corriente del término, sino que, puesto que el libro ya existe en cada uno de nosotros, lo traduzca. El deber y la tarea de un escritor son los de un traductor.

MARCEL PROUST, *El tiempo recobrado*

Prólogo:

Formular correctamente las preguntas

El 12 de octubre de 2022, al día siguiente de llegar a Londres, me encontré con el escritor Hisham Matar en un bar de la calle Dean, en Soho. Hisham acababa de terminar una novela y quería hablarme de ella, mostrarme las calles donde ocurre la acción, presentarme esos personajes libios exiliados o extraviados en esa ciudad, e incluso llevarme a la plaza donde ocurren los hechos que les cambian la vida. Pero en algún momento la conversación derivó hacia preocupaciones más generales. Los dos comenzamos a publicar por los mismos años, alrededor del cambio de siglo, y desde entonces hemos detectado una mutación, un leve desajuste, en la relación que existe entre nuestras ficciones y la sociedad en la cual las escribimos. Algo había pasado: ¿a qué se debía esa impresión, si es que era cierta? Hisham habló de nuestra relación deteriorada con la duda y las zonas grises, pues la ficción era inseparable de una cierta ética de la ambigüedad, y nuestro tiempo estaba plagado de pequeños fundamentalismos. Por supuesto que esta ambigüedad, que Milan Kundera llamó memorablemente *la sabiduría de la incertidum-*

bre, siempre ha provocado resistencia y aun antipatía, porque se enfrenta a la necesidad muy humana de respuestas claras: la necesidad que explica, de maneras distintas, la religión, ciertas formas de la filosofía y ciertas actitudes de la política. Pensé en la carta que Chéjov escribió en 1888, cuando un editor le reprochó su incapacidad de tomar posiciones claras en sus relatos. «Tiene usted razón en exigir que el autor tome consciencia de lo que hace», respondió Chéjov. «Pero confunde usted dos cosas: *responder a las preguntas* y *formularlas correctamente*. Sólo esto último se requiere de un autor».

En cualquier caso, no se nos escapó durante la conversación que estas inquietudes forman parte del temperamento mismo del género: parece que la novela no pudiera avanzar si no declarara su propia crisis insuperable de vez en cuando. Le dije a Hisham que se podría escribir una historia de la novela —por ejemplo, la del siglo xx— haciendo un inventario no de las novelas, sino de las *defensas* de la novela: la de Orwell en 1936, la de Salman Rushdie en el año 2000, la que hizo Zadie Smith en 2019. O haciendo un inventario de las muertes de la novela, que han sido declaradas en Estados Unidos tras la desaparición de Faulkner y de Hemingway, o en la Francia del *nouveau roman*, o aquí, en el Reino Unido, cortesía de George Steiner o V. S. Naipaul e incluso Will Self. Sí, esas esquelas funerarias son cuestión de rutina.

Y, sin embargo, la impresión me pareció clara: en el curso de mi vida de novelista, el lugar de la ficción se había desplazado. Pero ¿de qué maneras ha ocurrido el desplazamiento? ¿Y por qué habría de importarnos?

Estas preguntas, y otras similares, me habían acompañado durante mucho tiempo. Puedo decir que ya estaban allí en febrero de 2019, cuando recibí la carta, firmada por Matthew Reynolds, que me invitaba a dar las conferencias Weidenfeld en la Universidad de Oxford. Lo primero que pensé en ese momento (después de aceptar la invitación con gratitud) fue que mis perplejidades de novelista no eran indignas de ese espacio privilegiado: después de todo, la continua conversación sobre el arte de la novela que allí mismo habían llevado a cabo George Steiner o Vargas Llosa, Javier Cercas o Ali Smith, había alimentado mis propias reflexiones a lo largo de los años. No conozco novelista de valor que no se haya preguntado alguna vez, en público o en privado, de forma implícita o manifiesta, sobre la naturaleza de su oficio, el lugar de ese oficio en el mundo y su posible función. Pero no siempre fue así, ni lo ha sido con la misma intensidad en todas las tradiciones. En los años veinte, Ford Madox Ford escribió un pequeño libro sobre la historia de la novela inglesa, y allí, en la introducción en forma de dedicatoria (o quizás es al revés) que le dirige a Horace Walpole, se lamenta de no haber encontrado nunca «a nadie que tenga el más remoto interés en estos temas». Y añade: «Es obviamente una impertinencia de parte del novelista insistir en que su arte es de utilidad para la república». Creo que la insistencia sigue siendo impertinente; y sin embargo nunca he conseguido liberarme de la opinión, falsa o efectiva, de que hay una relación directa entre el lugar que ocupa la ficción en una sociedad y la salud de su democracia. Las conferencias de Oxford me darían una oportunidad para pensar en estas cosas y en otras, y hacerlo en voz alta frente a un público, única manera de tomarles la temperatura a mis intuiciones y de atenuar mis entusiasmos.

A finales de ese mismo año, Zadie Smith publicó en Nueva York un ensayo titulado «Fascinated to Presume», que leí como una actualización de estos problemas para el siglo XXI. «Puede que la categoría entera de lo que solíamos llamar ficción se esté perdiendo», escribía Smith, navegando entre el estoicismo y la militancia. «Lo que no se usa o no se quiere muere. Lo que se necesita florece y se extiende». El artículo me pareció inseparable de nuestro momento: no lo habría podido escribir Orwell, ni tampoco Rushdie. Responde a ciertas conversaciones que nuestra cultura ha sostenido en los últimos tiempos, y en particular aquella que hemos descrito con palabras que son una especie de anatema contemporáneo: la apropiación cultural. En sectores muy diversos de nuestras sociedades se ha instalado,

de unos años para acá, la convicción de que es repro-
bable contar una historia desde un punto de vista
que no es el nuestro. *¿Qué sabes tú de mí?*, parece
decir la voz de los tiempos. *¿Cómo te atreves a pensar que puedes entenderme, y peor aún, hablar desde
mi lugar?* Smith se pregunta si todo podría ser una
cuestión de palabras. ¿Y si, en lugar de «apropiación
cultural», describiéramos este fenómeno de escribir sobre otros como «voyerismo interpersonal» o
«fascinación profunda por el otro»? Incluso sugiere
«reanimación epidérmica cruzada», que me gusta especialmente. Entonces recuerda a Walt Whitman,
que aconsejaba en un verso: «Vuelve a examinar
todo lo que te han contado, y descarta lo que insulte
tu propia alma». Y procede a aceptar el consejo:

> Lo que insulta mi alma es la idea —muy po-
> pular en la cultura actual, y presentada en grados
> muy variados de complejidad— de que podemos
> y debemos escribir sólo sobre personas que son
> fundamentalmente «como» nosotros: racialmente,
> sexualmente, genéticamente, nacionalmente, po-
> líticamente, personalmente. Que sólo una íntima
> conexión autobiográfica del autor con un perso-
> naje puede ser la base legítima de una ficción. Yo
> no creo eso. No habría podido escribir mis libros
> si lo creyera.

Tampoco Marguerite Yourcenar, mujer belga
del siglo xx, habría podido escribir *Memorias de*

Adriano con la voz de un hombre romano del siglo II. Ni Fernando del Paso, hombre mexicano, habría escrito *Noticias del Imperio* con la voz de Carlota, emperatriz belga. Con resultados diversos, André Malraux se metió en la mente de Chen, comunista chino, y Hemingway en la de Santiago, pescador cubano. Pienso ahora en John Banville, irlandés heterosexual, que escribió *El intocable* desde la consciencia de un inglés gay, y pienso en Ursula K. Le Guin, mujer blanca, que contó *La mano izquierda de la oscuridad* desde un hombre negro. Y acaso pueda permitirme recordar a J. M. Coetzee, hombre sudafricano, que escribe como Elizabeth Costello, mujer australiana, y a Elizabeth Costello, mujer australiana, que reescribió *Ulises*, la novela de un hombre irlandés, desde el punto de vista de Molly Bloom, mujer nacida en Gibraltar. ¿Es posible que estos modos de investigación, a los que durante siglos hemos acudido en busca de algo que no podíamos obtener de otra manera, hayan perdido la autoridad o las habilidades que antes les reconocíamos? ¿Es posible que hayan dejado de decirnos cosas importantes, o que hayamos dejado de considerar importante lo que tenían para decirnos? ¿Se trata de anacronismos culturales o incluso perversiones de la mente que hemos, por fin, comenzado a corregir? Escribe Smith:

> Para mí, la pregunta no es: ¿debemos abandonar la ficción? La pregunta es: ¿sabemos lo que

era la ficción? Creemos que sí. En el proceso de apartarnos de ella, la hemos acusado de apropiación, colonización, engaño, vanidad, ingenuidad, irresponsabilidad política y moral. Hemos encontrado que la ficción es deficiente en innumerables aspectos, pero rara vez nos hemos detenido a preguntarnos, o a recordar, qué queríamos de ella, qué teorías del yo y del otro nos ofrecía, o por qué, durante tanto tiempo, esas teorías tuvieron sentido para tantos. Avergonzados por la novela —y su mortificante hábito de poner palabras en boca de otros—, muchos se han trasladado rápidamente a lo que perciben como un terreno más seguro, a saber, la supuesta autenticidad incuestionable de la experiencia personal.

«¿Sabemos lo que *era* la ficción?». El tiempo pretérito del verbo, con esas itálicas que parecen levantar la voz, era como un acto de resignación, de aceptación de lo ya sucedido, lo cumplido e irremediable. Cuatro meses después de la publicación de ese artículo, tras llegar de un viaje breve a Portugal, pasé una noche de escalofríos tan fuertes que mi cama se sacudía; después de una semana de fiebres intensas que iban y venían, un médico me mostró una radiografía de mis pulmones, y me señaló con preocupación la sombra blanca donde progresaba una neumonía. Para cuando cesaron los síntomas más graves, la pandemia había estallado oficialmente y en mi ciudad se decretaba un confinamiento obligatorio, y yo tengo claro que habría llevado el encierro de forma muy distinta si ese nuevo mundo distópico no me hubiera sorprendido con una novela entre las manos. La escritura de *Volver la vista atrás*, el diario oficio de darle un orden y una estructura a un puñado de vidas ajenas, fue la mejor manera de conservar el dominio sobre la ansiedad y las perplejidades de mi propia vida.

Si lo señalo ahora es porque esa novela, que para mí era claramente una obra de ficción aunque no hubiera en ella sucesos imaginarios, no sólo me obligó a apropiarme de esas vidas que no eran la mía para poder interpretarlas, sino a la formulación de nuevas preguntas sobre la naturaleza de esta actividad misteriosa que consiste en hablar desde el lugar de otro. A la pregunta de Zadie Smith se habían sumado varias más, no menos inquietantes, sobre los usos posibles de la ficción, pues bastaba una mirada alrededor para darnos cuenta de que la pandemia había trastornado, también, nuestra relación con la literatura. Para algunos, la lectura de ficción se convirtió en un ejercicio imposible, una introspección en un estado que ya era de encierro y de claustrofobia; para otros, en un salvavidas, un espacio de sanidad mental en medio de un mundo desquiciado, una ventana abierta hacia otras coordenadas. «Leer una novela es un arte difícil y complejo», escribe Virginia Woolf. «Uno debe ser capaz de muy finas percepciones, pero además de grandes audacias de la imaginación, si quiere hacer uso de todo lo que el novelista le puede dar». Pero la noción de que la literatura pueda usarse incomoda a muchos, pues sienten, con buenas intenciones, que defender la inutilidad de las artes es defender su autonomía, protegerlas de las instrumentalizaciones groseras que siempre las han agobiado. Y sin embargo los lectores (algunos, en todo caso) sabemos que la verdad es distinta; vamos a las ficciones porque en ellas encontramos algo que no puede encontrarse en otra parte: informaciones o conocimientos o revelaciones que nada más ofrece, porque pertenecen a un orden de lo humano que no es el de los hechos tangibles y verificables.

Estas conferencias fueron aplazadas dos veces: primero, por la pandemia, y después, cuando ya el mundo comenzaba a abrirse de nuevo pero las reuniones académicas seguían siendo virtuales, por mi deseo de pronunciarlas frente a un público de carne y hueso, no desde los pixeles de una pantalla. Cuando por fin llegué a mi refugio de St Anne's College, en Oxford, traía conmigo un maletín de mano lleno de libros y dos cuadernos de notas donde había conversado con esos libros y conmigo mismo en los últimos tres años. Durante las semanas siguientes recordé con frecuencia el soneto de Quevedo, que se me parecía misteriosamente a mi rutina:

Retirado en la paz de estos desiertos,
con pocos pero doctos libros juntos,
vivo en conversación con los difuntos
y escucho con mis ojos a los muertos.

Por supuesto que no eran desiertos lo que me rodeaba, sino una ciudad estimulante, y no eran sólo muertos mis interlocutores, sino algunas de las mentes más vivas que he conocido. Pero así, en ese diálogo con los unos y los otros, fui escribiendo estas conferencias, que en algún momento llegaron a tener la forma de un diario. Ahora que se publican como libro, tras un puñado de leves mejoras, se me ocurre que ésta es una manera posible de su lectura: como notas diarias en el cuaderno de un novelista, escritas y elaboradas para encontrar respuestas o, en su defecto, para formular correctamente las preguntas.

I. La mirada de los otros

Octubre 19, 2022

Hablar desde un lugar ajeno

No, no se puede decir que sea nueva: la desconfianza que produce la ficción viene de antiguo.

En el canto VIII de la *Odisea*, Ulises ha llegado a tierra de los feacios. El rey Alcínoo lo acoge con grandes homenajes e invita a Demódoco, el aeda ciego, para que los entretenga con sus historias. Demódoco, sin saber todavía quién está en el público, canta o cuenta una riña entre Ulises y Aquiles, y el relato hace que Ulises rompa a llorar. Más tarde, sentados a la mesa del banquete, Ulises le manda al aeda ciego un pedazo de cerdo en agradecimiento por su arte. «Téngote en más que a ningún otro hombre», le dice en la traducción de José Manuel Pabón, «pues cantas tan bien lo ocurrido a los dánaos, sus trabajos, sus penas, su largo afanar, cual si hubieras encontrádote allí o escuchado a un testigo». Ulises le pide que cuente el episodio del caballo de madera, en el cual, por supuesto, él mismo participó. «Si refieres aquello del modo que fue, yo al momento ante todos habré de afirmar que algún dios favorable te ha otorgado la gracia del canto divino». Demódoco lo hace; y lo hace tan bien que Ulises vuelve a llorar. Es entonces cuando Alcínoo, el único que se ha dado cuenta del llanto, le pide a Ulises que les cuente a todos quién es él, de dónde viene, qué memorias y sufrimientos le causan ese llanto. Y Ulises, en primera persona —«¿por dónde empezar mi relato?», se pregunta en voz alta, «¿por dónde acabarlo?»—, les cuenta a los feacios, y de paso a nosotros, la historia de su odisea.

Hay que pensar en el público reunido en un palacio, en un ágora, escuchando al aeda que cantaba el poema de Homero. Para ese público, un hombre inspirado por las musas canta cosas que no pudo haber visto ni conocido, y asume la voz de Demódoco, que a su vez es capaz de asumir la voz de Ulises. Estos sortilegios, estas ventriloquías, son ejemplos de lo que llevó a Platón a desterrar a los poetas. En *La república* se preocupa por la capacidad que tienen estos hombres de tomar una identidad que no es la suya y hablar desde allí: desde Telémaco o desde Demódoco, desde Ulises o desde Aquiles. «Si arribara a nuestro Estado un hombre capaz de asumir las más variadas formas e imitar todas las cosas y se propusiera hacer una exhibición de sus poemas, creo que nos prosternaríamos ante él como ante alguien digno de culto, maravilloso y encantador, pero le diríamos que en nuestro Estado no hay hombre alguno como él ni está permitido que llegue a haberlo, y lo mandaríamos a otro Estado». Los poetas no hablan de lo que saben y han visto, sino que son vehículos de las musas, y su mirada puede ver otras tierras y por su boca hablan otros hombres. Y no siempre virtuosos: en el banquete de Alcínoo, el aeda Demódoco cuenta la historia, que parece salida directamente del *Decamerón*, del adulterio entre Ares y Afrodita, esposa de Hefesto, y de la trampa que el marido cornudo diseña para capturar a los amantes: y los comensales ríen a carcajadas. Puedo imaginar que a Platón le disgustaran mucho estas historias, por varias razones, pero sobre todo una: si la identidad hace al hombre, ¿merecen nuestra confianza estos individuos que no tienen identidad propia, estos camaleones capaces de hablar desde cualquier hombre, sea honesto o deshonesto, sea virtuoso o indigno? No, a menos que canten sólo lo que es de utilidad para nuestra sociedad ideal: a menos que sólo imiten lo que es bueno.

«Porque en nuestro Estado», dice Sócrates, «el hombre no se desdobla ni se multiplica, ya que cada uno hace una sola cosa».

Lo que era la ficción

Esta mañana, larga conversación con Hisham y Diana, su esposa, sobre una visita que hicimos

juntos al Museo Metropolitano de Nueva York. Ocurrió en 2019, por los mismos días en que aparecía el ensayo de Zadie Smith, pero no creo que la coincidencia quiera decir nada. Esa vez fuimos al museo porque Hisham quería mostrarme un cuadro: *Los segadores*, de Pieter Brueghel el Viejo. Mencionó el hecho de que *Los segadores* es un cuadro de 1565, y, cosa curiosa para la época, no tiene temas sagrados ni historias bíblicas; sus personajes son campesinos sorprendidos en medio de sus labores, y se nos pide a los observadores que concentremos nuestra atención en ellos: en el hombre que lleva cerveza al resto con una expresión de agotamiento; en la mujer que camina, sin carga al hombro, detrás de las dos que llevan gavillas de trigo, cuyo perfil casi exige que nos preguntemos en qué está pensando. En su renuncia a los pretextos religiosos, en su nuevo humanismo que nos pide que miremos con atención a la gente más humilde, el cuadro de Brueghel me hizo pensar en un libro que se había publicado pocos años antes. Sentí, por razones impenetrables, que el libro y el cuadro compartían cierta actitud. Me pareció apropiado que el libro se imprimiera en la misma ciudad donde se encargó el cuadro: Amberes. Me refiero, por supuesto, al *Lazarillo de Tormes*, que en realidad no se publicó únicamente en los Países Bajos: tres ciudades españolas hicieron otras impresiones. Pero a mí me gusta la edición de Amberes, no sólo porque es la única que he

LA VIDA DE

LAZARILLO DE

Tormes ,y de sus for-
tunas y aduer-
sidades.

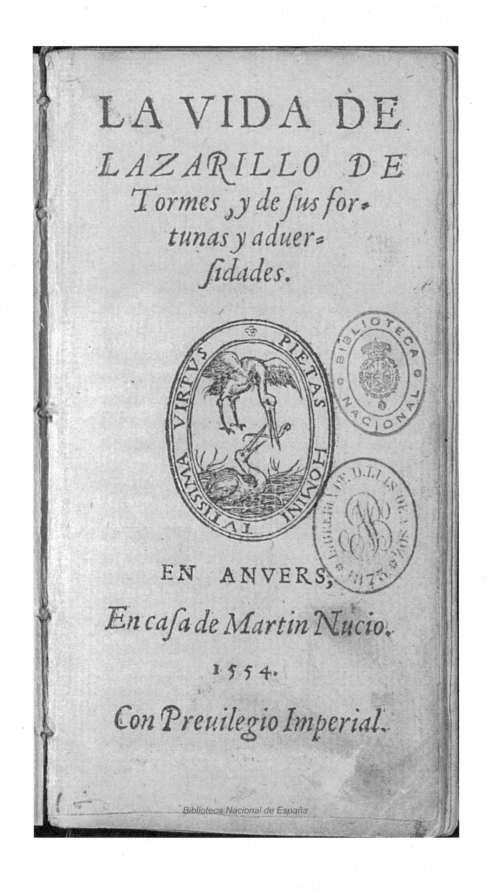

EN ANVERS,

En casa de Martin Nucio.

1554.

Con Preuilegio Imperial.

visto con mis propios ojos (en la Fundación Bodmer, en Ginebra, en un día de lluvia junto a Carlos Franz y Jorge Eduardo Benavides), sino porque el libro es inconcebible sin Erasmo, ese holandés errante, cuyo pensamiento había penetrado los círculos clandestinos de los humanistas españoles y era visto, no sin razón, como un serio peligro para el régimen de la Contrarreforma.

El *Lazarillo*. Para los novelistas de mi lengua es parte del paisaje; en lengua inglesa, en cambio, sólo he visto que V. S. Naipaul le haya otorgado un lugar de cierta importancia: como influencia remota de *Miguel Street*, su primer libro de cuentos. El *Lazarillo* es la autobiografía de un hombre nacido en la pobreza, hijo de un molinero y una lavandera, que navega la sociedad de su tiempo pasando de servidumbre en servidumbre, y ahora cuenta su vida con el fin de justificar su incómoda situación presente: pues han surgido una serie de rumores sobre la reputación de su mujer, y una figura poderosa le ha pedido explicaciones. De manera que el narrador es un adulto casado cuando escribe la carta que leemos, la carta en la que trata de explicarse; pero los lectores de lengua española solemos recordarlo como el niño del cuadro de Goya, un pillo de ropas desastradas al que un mendigo ciego le mete un dedo sucio en la garganta para encontrar un chorizo robado. Entre otras muchas cosas, el libro es un retrato demoledor de la sociedad de su tiempo. Curas de

pueblo, aristócratas venidos a menos, predicadores corruptos: la historia de Lázaro no perdona a ningún representante del poder en la Tierra. No es extraño que la Inquisición lo haya incluido en las primeras ediciones del *Index Librorum Prohibitorum*, ni que hayan sobrevivido tan pocos ejemplares (estos libros suelen arder), ni mucho menos que su autor haya preferido permanecer en el anonimato.

Pero ¿quién fue ese anónimo? Se han escrito miles de páginas sobre el misterio de su identidad; se suele aceptar que era un seguidor de Erasmo, miembro de los círculos humanistas y lector informado de la Antigüedad griega y romana. En el libro hay rastros de esto por todas partes: *El asno de oro, Teágenes y Cariclea*, el *Satiricón*... He leído que el autor era un cristiano nuevo (un judío convertido a la fuerza al cristianismo tras la expulsión de España de judíos y musulmanes en 1492), y que se movía en las élites, entre hombres privilegiados que tenían acceso a obras literarias y se sentían cómodos citando a Plinio. En otras palabras: aunque no sepamos más allá de toda duda la identidad del autor del *Lazarillo*, nos queda una certeza: no era el muchacho harapiento de Goya, un hijo de padre molinero y madre lavandera cuyo mayor éxito en la vida fue casarse con la amante de un arzobispo y ganarse el pan pregonando sus vinos.

De manera que ésta es la situación esencial: un individuo que no es Lázaro *finge* que es Lázaro.

Tras siglos de practicarla, nos hemos acostumbrado a esta convención, a este pacto que es el fundamento de la ficción desde que existe o la reconocemos, y hemos olvidado cuán problemático fue desde el principio de los tiempos: ya hemos visto a Platón, que a través de Sócrates se queja de que el poeta asuma voces que no son la suya (y no se da cuenta de la ironía). En el *Lazarillo*, el asunto de asumir la persona de otro no fue menos problemático, sobre todo por una circunstancia fascinante: los primeros lectores no lo leyeron como un acto de ficción, sino como un documento real. Es decir: no lo leyeron como una autobiografía imaginaria —como hoy leemos, por ejemplo, *Confesiones del estafador Félix Krull*, o *Las aventuras de Augie March*, o *Hijos de la medianoche*, o *Illywhacker*, la novela casi olvidada de Peter Carey: libros todos de una tradición que el *Lazarillo* funda o permite— sino como una carta verdadera de un verdadero corresponsal.

Así fue, por supuesto, porque así presentó el documento su autor anónimo. La convención literaria no habría visto con buenos ojos que una vida tan banal, tan desprovista de épica, de nobleza o de fantasía, fuera el tema de una obra de la imaginación: una obra como las que tradicionalmente se habían ocupado de caballeros heroicos (pensemos en Amadís de Gaula y Tirant lo Blanc), y en la cual las vidas pequeñas, como la de Lázaro, vivían en los márgenes de la historia escrita, indignas de un lugar prominente si no era con fines de baja comedia. En ese libro delicioso que es *La novela picaresca y el punto de vista*, cuyo título académico no debería despistar a nadie, Francisco Rico lo explica bien: «La prosa narrativa», escribe, «no contaba con precedentes cercanos de una atención tan sostenida y exclusiva a un personaje de la ruin calidad de Lázaro González Pérez». ¿Qué opción le quedaba al autor anónimo? «Existía desde siempre, en efecto, una forma literaria que se avenía de maravilla a conciliar la tradición retórica y la modesta historicidad que parecía de rigor en los balbuceos de la novela: la carta».

De manera que la novela tuvo que disfrazarse de documento para ser aceptable; un hombre de letras no habría podido justificar el uso de las artes para investigar, para *suplantar*, una vida tan intrascendente, y para hacerlo con semejante atención: para el examen de este individuo (la palabra es importante: el nacimiento de este género es inseparable de la moral, tan renacentista, del individualismo), era necesario presentarse en sociedad en una forma reconocible.

Cómo viven los demás su vida entera

En el capítulo XXII del *Quijote*, el caballero se topa con un grupo de prisioneros que se dirigen, atados con cadenas y acompañados de guardias, a las galeras. Pregunta por qué los han castigado, pero no de manera general, sino interesándose en cada uno de los galeotes: don Quijote es incapaz de generalizaciones burdas. Uno de ellos le reclama a don Quijote «tanto querer saber vidas ajenas; y si la mía quiere saber», continúa, «sepa que yo soy Ginés de Pasamonte, cuya vida está escrita por estos pulgares». El comisario lo confirma: sí, el hombre ha escrito la historia de su vida. Cuando don Quijote le pregunta si es bueno su libro, Ginés responde: «Es tan bueno, que mal año para *Lazarillo de Tormes* y para todos cuantos de aquel género se han escrito o escribieren. Lo que le sé decir a voacé es que trata verdades y que son verdades tan lindas y tan donosas que no pueden haber mentiras que se les igualen». Don Quijote le pregunta enseguida si el libro está acabado. Responde Ginés de Pasamonte: «¿Cómo puede estar acabado si no está acabada mi vida?».

El elogio de las verdades —es decir, de la experiencia auténtica de una vida real— por oposición a las mentiras —presumiblemente, los romances de caballerías que le secaron el seso a don Quijote— es inseparable de su momento histórico. Por otra parte, hay que fijarse en lo que dice Ginés, pues esa identificación de la vida con la narración de la vida, o de la experiencia con el punto de vista desde el cual se narra, implica una serie de revoluciones. El gesto revolucionario del autor anónimo del *Lazarillo* consiste en prestarle esa atención a un personaje semejante, sí, pero además hacerlo *desde el personaje mismo*: desde su consciencia, o, por decirlo con Rico, desde su punto de vista. El *Lazarillo* es un acto de imaginación del otro, pero no desde afuera, como Cervantes imagina a don Quijote, sino desde sus propias coordenadas: asumiendo sus conocimientos o falta de ellos, su comprensión del mundo, sus convicciones, sus prejuicios y sus limitaciones a cada paso de su autobiografía. Al tomar la decisión narrativa de la primera persona, el autor del *Lazarillo* perseguía tal vez esa otra obsesión renacentista, la de la verosimilitud, pero también, voluntariamente o no, ponía sobre la mesa la idea subversiva de que una vida como la de Lázaro era digna de nuestra atención *sostenida y exclusiva*: era digna de ser vivida.

En el *Lazarillo*, la persona narrativa no es sólo una cuestión técnica; es también un gesto político. En el *Lazarillo*, el punto de vista no es sólo una estrategia literaria; es también un gesto moral. El acto de ficción es una impostura, por supuesto, pero mediante esa impostura ponemos a andar mecanismos de conocimiento que sólo son posibles en el lenguaje y por el lenguaje. Ford Madox Ford, que parece no haber conocido nunca el *Lazarillo*, hablaría siglos después de la capacidad de la novela para explorar la forma en que los otros «viven su vida entera»: es decir, la posibilidad de explorar no sólo su comportamiento, sino también sus emociones, su psicología, su vida interior. Exploramos sus vidas invisibles *desde* sus vidas invisibles. Lázaro escribe como lo hace para que «se tenga entera noticia de mi persona». Se refiere a la cronología: no ha querido empezar *in medias res*, sino desde el principio. Pero me gusta pensar que también se refiere a su inusitada franqueza, al carácter confesional de su relato. Allí, nos promete, escucharemos cosas de las que la gente no suele hablar.

Convertirnos en hombres (o en mujeres)

Paso la mañana en la sala principal de la Bodleian Library, leyendo *Robinson Crusoe* junto a una ventana por la que entra un sol tibio. En la tradición inglesa, la novela ocupa un lugar similar al que yo le adjudico al *Lazarillo*: un lugar fundacional, podría decirse, el lugar donde comienza algo. Igual que el *Lazarillo*, *Robinson Crusoe* —publicada en 1719, y en un contexto social y religioso muy distinto— vio la luz como una impostura. El *Lazarillo* se finge carta verdadera y así fue leído; *Robinson Crusoe* se finge relato verídico de un marinero náufrago que vivió veintiocho años en una isla deshabitada, cerca de la costa de América, y así fue leído en el momento de su publicación. Las palabras más importantes de la novela están en el frontispicio, que, en la traducción española de

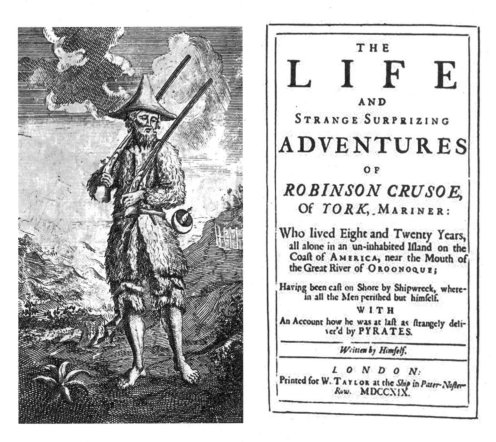

THE
LIFE
AND
STRANGE SURPRIZING
ADVENTURES
OF
ROBINSON CRUSOE,
Of *YORK,* MARINER:

Who lived Eight and Twenty Years,
all alone in an un-inhabited Iſland on the
Coaſt of AMERICA, near the Mouth of
the Great River of OROONOQUE;

Having been caſt on Shore by Shipwreck, where-
in all the Men periſhed but himſelf.
WITH
An Account how he was at laſt as ſtrangely deli-
ver'd by PYRATES.

Written by Himſelf.

L O N D O N:
Printed for W. TAYLOR at the *Ship* in *Pater-Noſter-Row.* MDCCXIX.

Enrique de Hériz, dice: *Escrito por él mismo.* Esas palabras nos sorprenden porque ahora sabemos que son parte de la ficción: es decir, su verdadero autor es Daniel Defoe, cuyo nombre no aparece en ninguna parte, y no Robinson Crusoe, el náufrago que asume su autoría. Pero hubo quienes dudaron de la naturaleza del relato, y el prólogo del tercer volumen, publicado al año siguiente del primero, es fascinante porque lleva la impostura al límite:

> He oído que la parte envidiosa y mal dispuesta del mundo ha planteado algunas objeciones

contra los dos primeros volúmenes, con el pretexto, a falta de mejor razón, de que (como dicen) la historia es fingida, los nombres son prestados, y todo es un romance; que nunca hubo tal hombre o lugar, o circunstancias en la vida de hombre alguno; que la invención lo ha formado y adornado todo para imponerlo al mundo.

Yo, Robinson Crusoe, estando en este momento en perfecto estado de ánimo y memoria, y dando gracias a Dios por ello, declaro por la presente que tal objeción es una invención escandalosa en cuanto a sus intenciones y falsa en cuanto a los hechos; y afirmo que el relato, aunque alegórico, es también histórico.

El problema de Defoe fue el mismo que había agobiado, ciento sesenta y cinco años atrás, al autor anónimo del *Lazarillo*: no había género disponible para hacer lo que querían hacer, de manera que se vieron obligados a usar otro, a presentarse en el mundo con ropas prestadas. A fingir, en suma: fingir que sus narradores existían de verdad; fingir que les habían sucedido las cosas que contaban; fingir que esos narradores trabajaban en un género reconocible —la carta, el relato de viajes—, cuando la realidad era que los verdaderos autores hacían algo distinto y nuevo, algo que no se había hecho hasta entonces y por lo tanto carecía de nombre preciso. Un día habría que escribir sobre las implicaciones de estas delicadas estafas. Estos dos relatos fundadores nacen mintiendo, engañando: en otras palabras, la novela moderna, tal como yo la entiendo, nace de mala fe.

En una conferencia que dio en Trieste en 1912, Joyce llamó a Defoe «padre de la novela inglesa». Lo que fascinaba a Joyce, la novedad que veía en *Robinson Crusoe*, era el hecho de que Defoe, «dos siglos antes de Gorki o Dostoievski», había introducido en la literatura europea «la escoria más baja de la población: el expósito, el carterista, el mensajero, la prostituta, la bruja, el ladrón, el náufrago». Es decir, lo mismo que había hecho el *Lazarillo*: abrir las puertas de la ficción a hombres y mujeres que nunca habían hecho parte de ella, que nunca habían sido dignos en estos términos y con estas intenciones de la imaginación literaria. (Moll Flanders, ese personaje picaresco, viene en línea directa de Antonia Pérez, madre de Lázaro de Tormes, y apunta, después de varias transformaciones sociales y morales, al carácter libérrimo de Molly Bloom). Al autor del *Lazarillo* lo movía cierta forma del humanismo; a Defoe, el puritanismo y el afán de redención. Pero los dos tenían en común la habilidad o la posibilidad, cortesía del lenguaje de la ficción, de penetrar una realidad ajena, una realidad desconocida y oscura, y mirar el mundo desde allí. Los lectores, por supuesto, hemos tenido desde entonces el privilegio de entrar en esos mundos, en esas consciencias, y vivir en ellas con una inmediatez que de otra manera nos estaría vedada.

Encuentro en mi edición de *Robinson Crusoe* dos comentarios elocuentes. El primero es de Coleridge, que considera a Defoe superior a Swift y lo justifica así: «El escritor que me hace simpatizar a través de sus presentaciones con la *totalidad* de mi ser es más estimable que el escritor que sólo apela a una parte de mi ser: mi sentido de lo ridículo, por ejemplo; y de nuevo, el que me hace olvidar mi clase, carácter y circunstancias específicas, me eleva hasta convertirme en un hombre universal. Ésta es la excelencia de Defoe. Uno se convierte en hombre mientras lee».

(Cuando leo «la totalidad de mi ser», predeciblemente pienso en la «entera noticia de mi persona» que nos ofrece Lázaro de Tormes, y en la posibilidad, según Ford, de ver la «vida entera» de los otros. Esa mirada abarcadora será tema de otras conversaciones en los próximos días).

El segundo comentario es de Edgar Allan Poe. Es un elogio en forma de queja: para Poe, los lectores de *Robinson Crusoe* admiran la obra, pero no se les pasa por la cabeza que sea producto del genio o del talento de un escritor. No piensan nunca en Defoe: piensan en Robinson. «Leemos y, en la intensidad de nuestro interés, nos convertimos en perfectas abstracciones; cerramos el libro, y estamos bastante seguros de que nosotros mismos podríamos haber escrito tan bien. Todo esto sucede gracias a la potente magia de la verosimilitud. En efecto, el autor de *Crusoe* debió de poseer, por encima de cualquier otra cualidad, lo que se ha denominado la facultad de *identificación*: ese dominio que ejerce la voluntad sobre la imaginación y que permite que la mente se pierda en una individualidad ficticia».

Convertirnos en hombres (o en mujeres) mientras leemos: buscando algo similar hemos acudido a la ficción durante siglos; eso le hemos pedido, la construcción de lo que somos o queremos ser, o el lento descubrimiento de nosotros mismos en las palabras de los otros, la posibilidad de hundirnos en una mente ajena y luego volver con las noticias de lo que en ella ocurre.

La mirada de Velázquez

Otro de los cuadros que me mostró Hisham Matar, aquella tarde de otoño de 2019, fue un retrato de Velázquez terminado, según todos los indicios, en los primeros meses de 1650. El retratado era Juan de Pareja, ayudante —y esclavo— del artista. Pero lo que leemos en sus ojos, llámese como se llame, no es esclavitud; se trata de un hombre orgulloso, casi insolente, cuya mirada se nos clava con algo parecido al desafío. Juan de Pareja había nacido en Málaga y era de origen morisco: un musulmán andaluz convertido al cristianismo bajo la

presión de leyes que lo obligaban a escoger entre la conversión y el exilio. Unos meses después de posar para este retrato, Pareja fue liberado por Velázquez, y uno puede fácilmente detectar en su semblante esa libertad inminente, acaso una cierta soberanía: y es fácil olvidar que ese gesto de su cara, con todo lo que contiene, sale de los pinceles del artista, es una observación y una invención y una ejecución del artista. Según uno de los biógrafos de Velázquez, citado por el curador del Museo Metropolitano, el cuadro expuesto «recibió una aclamación tan universal que, en opinión de todos los pintores de las distintas naciones, todo lo demás parecía pintura, pero sólo este cuadro parecía verdad».

Volví a pensar en el retrato de Juan de Pareja en junio pasado, cuando, de paso por Madrid, visité el Prado para pasar un rato frente a *La familia de Felipe IV*, que Velázquez terminó en 1656: seis años después del retrato de su esclavo. Con frecuencia digo, sólo medio en broma, que *Las meninas* no es en realidad un cuadro, sino una novela. Hay algo en su comportamiento que me parece inseparable de los descubrimientos que la novela había hecho durante el siglo anterior: Velázquez terminó el cuadro ciento dos años después de la publicación del *Lazarillo de Tormes* y cincuenta y un años después de que apareciera la primera parte del *Quijote*; es decir, el cuadro nació en medio de una lenta revolución que tenía lugar en la

mentalidad europea. En la composición, el espectador asiste a una escena en la que el artista pinta a sus monarcas: el rey Felipe y su esposa, Mariana de Austria. ¿Cómo lo sabemos? Porque Velázquez, tan amable, ha incluido un espejo en la pared del fondo, y allí, borrosa por la distancia, está la imagen de las dos personas que posan para él. Sólo hay un problema: los reyes están exactamente donde está el espectador. Por eso Velázquez me mira, nos mira, a los ojos; por eso me siento y nos sentimos atraídos o capturados por el cuadro, y dejamos de ser espectadores para convertirnos en participantes o incluso en personajes. La composición nos invita a ocupar, por un momento fugaz, el lugar de los reyes de España, a recibir toda la atención de Velázquez, pero también a algo más importante: a ser observados como sólo un artista observa a otro ser humano.

El gesto de Velázquez me parece esencialmente novelístico, muy parecido en cierto sentido a lo que motivó la escritura del *Lazarillo*. Es una invitación a ocupar el lugar de otro; pero ya no se trata, como en la novela anónima, de un hombre privilegiado que asume el lugar de un hombre sin privilegios. *Las meninas* nos invita a cubrir el trayecto en el sentido contrario: a ocupar el lugar del privilegiado, sea quien sea el observador. Hay algo subversivo en ese desplazamiento: al invitarnos a nosotros, observadores fugaces (hombres y mujeres, hombres libres o esclavos, plebeyos o cortesanos, cristianos viejos o moriscos o judíos clandestinos), a ocupar el espacio de los reyes, el artista lleva a cabo una silenciosa inversión de todos los valores que la sociedad, su sociedad, considera sagrados. Es imposible no contemplar el acto en términos narrativos, pues un retrato de un maestro como Velázquez era una de las formas que tenían las *personas importantes* (saco aquí mis cursivas) de contar su historia, de sobrevivir en el tiempo, de protegerse contra el olvido o de prolongar su leyenda. *Las meninas* le está diciendo a cada ciudadano anónimo que transita frente al cuadro que también él o ella tiene esos derechos, que su historia es digna del artista y, por lo tanto, digna de todos los demás destinatarios que eventualmente tenga. Velázquez no sólo está diciendo que somos, todos nosotros, dignos de su escrutinio y de su arte, sino que está dispuesto a ponernos donde está el Poder, a permitirnos mirar el mundo desde el lugar que ha ocupado el Poder, y a ser mirados como se mira al Poder. Es decir, a disputarle al Poder el control sobre el punto de vista.

La vida es un punto de vista

Estamos encerrados fatalmente en él, en ese punto, en sus coordenadas, en las limitaciones de nuestra mirada. Asumir el punto de vista de otro es una de las tareas más difíciles para un ser humano: exige altas dosis de imaginación y flexibilidad moral, de curiosidad y de clarividencia. Lo cual no está al alcance de todos, y eso es lamentable, porque las limitaciones de lo personal son también limitaciones políticas. Hay que recordar a este respecto lo que dice Kundera en *Los testamentos traicionados* (son líneas que he citado muchas veces y a propósito de muchas cosas):

> La sociedad occidental se suele presentar como la sociedad de los derechos del hombre, pero antes de que un hombre tuviera derechos, se tenía que constituir como individuo, considerarse individuo y ser considerado como individuo; y eso no hubiera podido pasar sin la larga experiencia de las artes europeas, y en particular el arte de la novela, que enseña al lector a sentir curiosidad por los otros y a tratar de comprender verdades distintas de la suya propia.

Las palabras de Kundera siempre me han hecho pensar en ese pasaje de «Verdad y política» donde Hannah Arendt, que no está refiriéndose a ninguna novela, dice que el pensamiento político es representativo.

> Me formo una opinión considerando una cuestión determinada desde distintos puntos de vista, haciendo presente en mi mente el punto de vista de los ausentes; es decir, los represento. Este proceso de representación no adopta ciega-

mente los puntos de vista reales de los que están en otro lugar y, por tanto, mira el mundo desde una perspectiva diferente; no se trata de una cuestión de empatía, como si intentara ser o sentirme como otra persona, ni de contar cabezas y unirse a una mayoría, sino de ser y pensar desde mi propia identidad donde en realidad no estoy. Cuantos más puntos de vista de otras personas tenga presentes en mi mente mientras reflexiono sobre una cuestión determinada, y cuanto mejor pueda imaginar cómo me sentiría y pensaría si estuviera en su lugar, más fuerte será mi capacidad de pensamiento representativo y más válidas serán mis conclusiones finales, mi opinión.

Veo en las palabras de Arendt una intención novelística que no tienen en realidad, como no la tenía el cuadro de Velázquez. Pero es posible que los valores de la ficción no se limiten al espacio de la narrativa; porque cuando hablo de esos valores estoy hablando de una forma de estar en el mundo, de una mentalidad, si se quiere, que asocio de manera arbitraria con el arte de la novela. Arendt rechaza la noción de empatía —sentirme como se sentiría otro—; para ella, se trata más bien de ocupar el lugar de otro, de penetrar imaginativamente en su punto de vista.

En fin: de mirar el mundo desde sus ojos.

Marcel Proust y las redes sociales

Hace cien años, por estas fechas del mes de octubre, Marcel Proust enfermó de bronquitis. Un día de la primavera anterior había llamado a Céleste, la mujer que le servía desde hacía varios años, para anunciarle que algo grande acababa de ocurrir. «He escrito la palabra "Fin"», le dijo. Había terminado *En busca del tiempo perdido*. Pero añadió: «Ahora me puedo morir». Y aunque tuvo una salud frágil desde la niñez, no creo que se lo esperara de verdad. En septiembre, sus pulmones comenzaron a deteriorarse; a mediados de octubre, al salir de una velada en casa de los Beaumont, el soplo del aire frío lo agravó todo. Semanas después, el 18 de noviembre, su hermano el cirujano fue a verlo, pero no pudo hacer nada para prestarle ayuda. Proust se negó tercamente a recibir las inyecciones que habrían podido mejorar su condición, y llegó incluso a pedirle a Céleste que le hiciera una promesa: no dejaría que lo sometieran a «esos tratamientos que los médicos les imponen a los moribundos para darles una hora más de vida». El hombre que había dedicado tres mil páginas a recobrar el pasado se negaba a una hora de tiempo presente.

En los últimos tres o cuatro años he vuelto con frecuencia a la novela de Proust. Parte de la razón es mi intuición, que recojo de mil señales distintas, de que recientemente se ha vuelto difícil prestarles atención a los demás, observarlos con dedicación

—sí, como Velázquez hubiera observado a sus modelos— para tratar de leerlos. Una parte considerable de *En busca del tiempo perdido* se dedica al aprendizaje de la observación, que para Marcel es inseparable del arte en general pero, en particular, del arte de la novela. Lo que más lamenta de sus años de juventud es su incapacidad original para ver a los demás, para fijarse en ellos: «El escritor, antes de convencerse a sí mismo de que un día llegaría a serlo, solía omitir la observación de tantas cosas que los demás se daban cuenta de ello, con lo cual lo acusaban de distracción, y él se acusaba a sí mismo de no saber ni ver ni escuchar». En otras palabras: el escritor nace en Marcel cuando aprende a mirar con dedicación a los seres humanos que lo rodean; el artista nace cuando aprende a interpretarlos.

Y esto, la interpretación de los otros, es lo que se ha vuelto cada vez más difícil. Hace cuatro años, en su panfleto contra las redes sociales (titulado, con sutileza, *Diez razones para borrar tus redes sociales de inmediato*), Jaron Lanier nos descubrió a varios algo que muchos ya sabían y ahora saben casi todos. Lo que las redes proporcionan a cada usuario, explicaba con conocimiento de causa, es una versión de la realidad elaborada por algoritmos que han estudiado su comportamiento, sus gustos y aversiones, sus convicciones y hábitos y sus movimientos físicos. «Pero cuando todos vemos mundos diferentes y privados, las señales que nos damos unos a otros carecen de sentido», escribe. En otras palabras, ya no es posible leer al otro, verlo en su contexto y, por tanto, intentar comprenderlo. En ausencia de una realidad compartida (porque cada uno tiene su propio mundo privado, cocinado para confirmar sus prejuicios), la interpretación de los otros resulta imposible. Lanier lo explica en términos de teoría de la mente. «Tener una teoría de la mente», dice, «es construir una historia en tu cabeza sobre lo que está pasando en la cabeza de otra persona. La teoría de la mente es la base de cualquier sentido de respeto o empatía, y es un requisito previo para cualquier esperanza de cooperación inteligente, civismo o política útil. Es la razón de que existan las historias». Y enseguida, por si no hubiera quedado claro: las redes sociales, dice Lanier, «nos están robando las teorías de la mente sobre los otros».

En la sección central de *El tiempo recobrado*, el volumen que Proust terminó aquella primavera de 1922, los temas que se han movido desde las primeras páginas en las profundidades de la novela salen, por fin, a la superficie. «La verdadera vida, la vida finalmente descubierta y aclarada, la única vida en consecuencia que merece la pena ser vivida, es la literatura», escribe Marcel. «Esta vida, en cierto sentido, habita a cada instante en todos los hombres igual que lo hace en el artista. Pero los hombres no la ven, porque no sienten la necesidad de iluminarla». Esta vida toma, en la novela, la forma metafórica de un libro: el libro de lo que somos, nuestro libro interior. Entonces dice Marcel:

> Me percataba de que este libro esencial, el único verdadero, no necesita que un gran escritor lo invente, en el sentido corriente del término, sino que, puesto que el libro ya existe en cada uno de nosotros, lo traduzca. El deber y la tarea de un escritor son los de un traductor.

La experiencia deja en nosotros un rastro de signos incomprensibles; la tarea del artista es transformarlos en un lenguaje que permita asirlos y extraer sus significados. El novelista como intérprete de vidas; la novela como traducción de la experiencia, la nuestra y la de los otros. «Cada lector, cuando lee, es el lector de sí mismo», escribe Proust en otra parte. «La obra del escritor no es más que una suerte de instrumento óptico que le ofrece al lector para permitirle discernir aquello que, sin el libro, no habría visto en sí mismo. El reconocimiento en sí mismo de lo que el libro dice es la prueba de la verdad del libro».

Coda

En casa de los Verdurin, Marcel escucha una pieza musical de Vinteuil cuando se da cuenta de la trágica limitación de los seres humanos: estamos encerrados en nuestras percepciones, y lo más valioso de ellas es incomunicable. El arte, dice, la música de un Vinteuil o la pintura de un Elstir, es lo único capaz de hacer que aparezca ante nosotros «la íntima composición de esos mundos que llamamos individuos». Sin el arte, nunca podríamos conocerlos. De nada nos serviría tener alas y otro aparato respiratorio, y así poder atravesar la inmensidad, si lo hiciéramos conservando los mismos sentidos. Sí, podríamos viajar a Marte o a Venus, pero seguiríamos viendo lo mismo que vemos en la Tierra. «El único viaje verdadero», dice Marcel, «no consistiría en ir hacia nuevos paisajes, sino en tener otros ojos, ver el universo con los ojos de otra persona, de cien personas, ver los cien universos que cada una de ellas ve, que cada una de ellas es; y eso lo podemos hacer con un Elstir, con un Vinteuil». Yo añado: con un Proust, con una Woolf. «Con sus semejantes», dice Marcel y digo yo, «volamos realmente de una estrella a la otra».

II. Tiempo y ficción

Octubre 27, 2022

El eterno retorno de las cosas que no han sucedido

«La historia es la ciencia de las cosas que no pueden repetirse», escribe Paul Valéry en un ensayo de 1932. La idea tiene un corolario. Hay dos maneras de mirar el relato del pasado: la primera lo mira como si cada episodio estuviera escrito en piedra, consecuencia coherente de lo que ocurrió con anterioridad y causa lógica de lo que ocurrirá después; la segunda lo mira con vértigo, y está inevitablemente contaminada por la sensación ineluctable de que las cosas, a cada paso, habrían podido ocurrir de otro modo, o de que en la piedra donde se escribe la historia se abren grietas, espacios de oscuridad que no cuentan nada, que no comunican nada. A veces pienso que es aquí, en este espacio de incertidumbre, en el tiempo condicional de estos verbos, donde aparece la ficción. Tal vez podríamos decir que, si la historia es la ciencia de las cosas que no pueden repetirse, la ficción es el espacio donde las cosas —el suicidio de Ana en una estación de tren, el día entero de Clarissa Dalloway en Londres, la masacre de las bananeras en Macondo, la larga conversación de un periodista y un guardaespaldas en un bar de Lima: todas estas cosas— seguirán repitiéndose para siempre.

Los huesos

En 2005, por los días en que mis hijas gemelas superaban un nacimiento difícil en las incubadoras de la clínica Santa Fe, en Bogotá, el doctor Leonardo Garavito me invitó a su casa para hablar de asesinatos políticos. Había leído mi novela *Los informantes*, donde los personajes visitan en un pasaje breve el lugar donde mataron a Gaitán. Jorge Eliécer Gaitán fue un líder popular, liberal de tendencias socialistas, que habría sido presi-

dente de mi conservador país si no hubiera sido asesinado, de tres tiros y a plena luz del día, el 9 de abril de 1948. A pesar de que la violencia partidista llevaba unos años asolando al país, las revueltas populares que siguieron al crimen del caudillo, lo que los colombianos conocemos como el Bogotazo, son para muchos el pistoletazo de salida de una guerra que sigue hasta hoy. El asesinato del 9 de abril conmocionó a Colombia más que cualquier otro crimen de su historia violenta... con la posible excepción del asesinato, treinta y cuatro años antes, de Rafael Uribe Uribe. Los lectores de literatura latinoamericana lo conocen bien, aunque no sepan que lo conocen: Aureliano Buendía, el personaje de *Cien años de soledad*, fue construido a partir de Uribe Uribe, bajo cuyo mando peleó Nicolás Márquez, el abuelo mater-

Gral. Rafael Uribe Uribe

no de García Márquez, en la guerra civil de los Mil Días. Como Gaitán, Uribe Uribe era liberal; como Gaitán, había coqueteado con las ideas socialistas. El 15 de octubre de 1914, hacia el mediodía, fue atacado a golpes de hachuela por dos carpinteros desempleados, y murió a causa de las heridas en la madrugada del día siguiente.

Y allí estaba yo en el año 2005, hablando con el doctor Garavito de estos dos crímenes, cuando el hombre se ausentó durante unos segundos y volvió con dos objetos que puso sobre la mesa: un frasco de vidrio y una caja de cartón. En el frasco, en una solución acuosa, flotaba una vértebra de Jorge Eliécer Gaitán, con la perforación de una de las balas que lo mataron. En la caja estaba la parte superior del cráneo de Uribe Uribe, rota por las hachuelas de sus asesinos y marcada, misteriosamente, con las iniciales de su propie-

tario: *R. U. U.* Ahora me parece claro que en ese instante preciso nació mi novela *La forma de las ruinas*, que se publicaría una década después. Allí estaban los restos de dos víctimas de nuestra violencia política que tenían varios rasgos en común, pero el más claro era éste: ninguno de los dos crímenes fue resuelto de manera satisfactoria. En otras palabras, la historia conoce y nos ha legado la identidad precisa de los asesinos. Leovigildo Galarza y Jesús Carvajal mataron a Uribe Uribe; Juan Roa Sierra mató a Jorge Eliécer Gaitán. Pero los colombianos, que no estamos de acuerdo nunca en nada, estamos de acuerdo en esto: esos hombres no fueron más que los perpetradores materiales, y la decisión vino de otros lugares más oscuros. ¿De dónde? ¿Quién la tomó, y por qué no lo hemos sabido? La verdad sobre los dos crímenes se ha perdido en el pasado, censurada u obliterada por figuras poderosas. Sobre ambos crímenes han pesado desde siempre las sombras, las contradicciones, las distorsiones y las teorías de la conspiración. La historia oficial de estos dos crímenes está llena de fallas; en esas fallas, como dijo Novalis, nacen las novelas.

La ficción que se escribe sobre la historia es el lugar donde intentamos comprender lo que la historia no cuenta por sí misma; si la ficción que se escribe sobre la historia nos dice lo mismo que la historia dice, se vuelve redundante y por lo tanto superflua. En una entrevista incluida en *El arte de la novela*, Christian Salmon le pregunta a Kundera qué puede decir específicamente la novela sobre la historia. Kundera responde proponiendo cuatro principios que guían sus propias novelas. Dos de esos principios hablan de lo mismo: de los episodios históricos, lo que le interesa a la novela es la posibilidad de «ver y vivir la historia como una situación existencial». Kundera trae ejemplos de su propia obra; yo me permito añadir el mío. Después de visitar repetidas veces a mi amigo médico, después de sostener en mis manos el cráneo de Uribe Uribe y la vértebra de

Gaitán, yo solía llegar a la clínica donde mis hijas prematuras se recuperaban, y las enfermeras me permitían sacarlas de sus incubadoras y ponérmelas sobre el pecho. En esos momentos, no lograba apartar una emoción compleja: en mis manos habían estado los restos humanos de las víctimas de la violencia colombiana, y ahora estaban los cuerpos vivos de dos niñas que luchaban (la terca biología) por seguir viviendo. Las preguntas eran: ¿cómo marcarían las violencias del pasado sus vidas futuras?, ¿cómo protegerlas de esa violencia? Entonces sentía vivamente que el pasado, como escribió Faulkner en *Réquiem por una monja*, no está muerto: ni siquiera es pasado.

Durante la escritura de mi novela volví muchas veces a una página de *El hacedor* donde Borges piensa en la bala que mató a Kennedy. «Esta bala es antigua», escribe. «En 1897 la disparó contra el presidente del Uruguay un muchacho de Montevideo, Arredondo, que había pasado largo tiempo sin ver a nadie, para que lo supieran sin cómplices. Treinta años antes, el mismo proyectil mató a Lincoln, por obra criminal o mágica de un actor, a quien las palabras de Shakespeare habían convertido en Marco Bruto, asesino de César». Esas palabras me acompañaron: la bala de Borges era la misma que mató a Gaitán, pero también la hachuela que mató a Uribe Uribe, pues, escribe Borges, «la transmigración pitagórica no es sólo cosa de los hombres». La comunicación secreta entre dos momentos separados, esos mecanismos de la historia que ningún historiador podría poner sobre sus páginas (pues ocurren fuera de la lógica de los hechos visibles o comprobables, fuera de los documentos y los testimonios), se hace visible en el tejido de la novela. En otras palabras: es el lenguaje de la ficción lo que hace que esos mecanismos sean visibles. Sin el lenguaje de la ficción, que no trabaja con lo comprobable y fáctico sino con otro orden del conocimiento, permanecerían fuera de nuestro alcance.

Éste es un pueblo feliz

Almuerzo en Brasenose College con Eduardo Posada Carbó, que vive aquí hace veintitantos años. Hablamos de muchas cosas, pero sobre todo de la masacre de las bananeras y su recreación o imaginación en *Cien años de soledad*. Los hechos son éstos:

En diciembre de 1928, un grupo de trabajadores de la United Fruit Company se había declarado en huelga para exigir mejores condiciones de trabajo. El día 6, después de días de negociaciones fracasadas, vino la represión del ejército colombiano, durante la cual un número indeterminado de trabajadores fueron asesinados. Decir que la masacre marcó el imaginario de Gabriel García Márquez es quedarse corto: García Márquez, nacido en marzo de 1927, solía mentir sobre su año de nacimiento para hacerlo coincidir con los hechos. En cualquier caso, la masacre fue recordada en dos novelas: una fue *La casa grande*, de Álvaro Cepeda Samudio, publicada en 1962; la otra, publicada cinco años después, fue *Cien años de soledad*.

No sé cuántas veces he leído este episodio, pero me sigue pareciendo una de las más elocuentes puestas en escena de las tensiones que existen entre la historia y la ficción. José Arcadio Segundo se ha unido a los huelguistas mientras esperan, en la plaza de enfrente, el tren en el que llegará la autoridad militar local para mediar en el conflicto. En lugar de eso, los huelguistas y sus familias —las mujeres, los niños— se descubren rodeados por francotiradores bien armados que dominan la plaza. Cuando un teniente anónimo ordena silencio, una mujer le pide a José Arcadio Segundo que cargue a su hijo pequeño sobre los hombros, para que pueda escuchar el decreto oficial. En él, el general Carlos Cortés Vargas declara a los huelguistas «cuadrilla de malhechores» y autoriza al ejército a disparar. Da cinco minutos a la multitud para que se retire; cuando han pasado cuatro minutos, llega la respuesta:

«¡Cabrones! Les regalamos el minuto que falta».

Los francotiradores abren fuego. José Arcadio Segundo cae y pierde la consciencia; cuando vuelve a despertar, se encuentra moviéndose en un tren silencioso, encima de un montón de cadáveres. Al comprender que serán arrojados al mar, «como el banano de rechazo», baja del tren de un salto y busca refugio en las casas de Macondo. Una mujer, apiadada, le da cobijo y le ofrece una taza de café. José Arcadio le dice: «Debían ser como tres mil».

Le hablo a Eduardo de lo ocurrido hace unos años con una congresista de extrema derecha. En 2016, el Gobierno colombiano y la guerrilla de las Farc habían firmado el acuerdo de paz para poner fin al conflicto que asolaba al país desde 1964. Los acuerdos de La Habana trajeron una sensación de esperanza para muchos, pero también provocaron divisiones profundas en la sociedad, y en algún momento de las tensas negociaciones empecé a darme cuenta de algo: tanto en la mesa de La Habana como en las calles (y al decir «las calles» me refiero, como es obvio, a Facebook y Twitter) se estaba produciendo un debate diferente, no acerca de la reforma agraria, la participación política de la guerrilla o el narcotráfico como asunto vinculado al conflicto, sino de lo que sólo podemos llamar *el relato*. Como país, estábamos divididos —o, para usar la palabra familiar de nuestros tiempos, *polarizados*— acerca de la narrativa que mejor pudiera representar lo que había sucedido durante medio siglo de violencia cambiante. Los ciudadanos empezaban a ser conscientes de algo que los historiadores y los novelistas saben desde hace tiempo: que los relatos del pasado son diferentes según la voz que los cuente. Como dije a menudo durante esos días, una víctima de la guerrilla de izquierda contará una historia diferente a la de una víctima de los paramilitares de derecha, y estas dos historias divergirán mucho de la que cuente una víctima de los crímenes de Estado. No hay prácticamente ninguna relación entre la guerra contada por un campesino y la misma guerra contada por un habitante de la ciudad: los únicos puntos en común son el miedo y la violencia. En 1945, clarividente como siempre, Paul Valéry escribió acerca de la «extraña condición en la que nos encontramos todos, simples ciudadanos particulares de buena fe y buena voluntad, que nos vemos comprometidos desde el día en que nacemos en un inextricable drama político-histórico». No conozco mejor definición de la experiencia colombiana de los últimos años, salvo quizás la cacareada frase de un personaje de Borges: «Ser colombiano es un acto de fe».

Pues bien: en medio de esa crispación, que cada día era más intensa, la congresista habló en un programa de radio sobre aquellos debates sociales, y trató de usar la masacre de las bananeras para hacer un paralelismo histórico con los tiempos actuales. Sostuvo que ese episodio no era más que un mito histórico creado por algo llamado *la narrativa comunista*. Le parecía que los tres mil muertos de José Arcadio eran demasiados, pues en esa época era imposible conseguir tantos trabajadores; por lo tanto, la masacre nunca sucedió, y más bien, sugirió la mujer sin la menor vergüenza, fueron los huelguistas los que atacaron al ejército. Varios historiadores respondieron que la United Fruit Company tenía el tamaño de un pueblo, y conseguir tres mil trabajadores no habría sido problema; varios han considerado que el número de participantes en la huelga osciló entre once mil y treinta mil. Los mismos historiadores recordaron luego, documentos en mano, que en un principio las autoridades reconocieron nueve muertos y tres heridos, que el general Carlos Cortés Vargas habló en sus memorias de cuarenta y siete trabajadores muertos, que la prensa colombiana habló de cien muertos y doscientos treinta y ocho heridos, que en 1928 el caricaturista Ricardo Rendón dibujó la matanza y, finalmente, que un congresista llamado Jorge Eliécer Gaitán se dio a conocer a los veintiséis años denunciando los hechos en el Congreso, enseñándoles a sus colegas escandalizados el cráneo de un niño, perforado por una bala. Y luego está el cable que el embajador de Estados Unidos en Colombia, el señor Jefferson Caffery, le escribió al secretario de Estado en febrero de 1929:

Con referencia a los informes anteriores relativos a la huelga de Santa Marta, y con especial referencia en ese sentido a mi Despacho Nº 49 del 29 de diciembre, tengo el honor de informar que el representante en Bogotá de la United Fruit Company me dijo ayer que el número total de huelguistas muertos por los militares colombianos superaba el millar.

REGRESO DE LA CACERIA.

Cortés Vargas : ¡ Yo maté cien...!
Abadía. Eso no es nada, yo maté doscientos.

De manera que la verdad es ésta: nadie sabe a la fecha cuántas personas murieron ese día. La novela de García Márquez fue clarividente, y sus páginas se anticipan al negacionismo de la congresista. La mujer que recibe a José Arcadio Segundo escucha su relato pero acaba diciéndole: «Aquí no ha habido muertos. Desde los tiempos de tu tío, el coronel, no ha pasado nada en Macondo». Tampoco Aureliano Segundo, hermano de José Arcadio, cree «la versión de la masacre ni la pesadilla del tren cargado de muertos que viajaba hacia el mar». Y escribe García Márquez: «La versión oficial, mil veces repetida y machacada en todo el país por todos los medios de comunicación que el gobierno encontró a mano, fue finalmente aceptada: no hubo muertos». Los oficiales cierran el asunto: «Seguro que fue un sueño. En Macondo no ha pasado nada, ni está pasando ni pasará nunca. Éste es un pueblo feliz».

El problema, me dice Eduardo, es que la versión que ha dado *Cien años de soledad* de aquel episodio ha sido leída por muchos como algo distinto de la exploración sobre las maneras incómodas en que el poder escribe la historia, y la vulnerable posición en que se encuentra la verdad. La versión de García Márquez ha sido tomada al pie de la letra, y en demasiados casos ha reemplazado la verdad histórica: demasiados lectores, dice Eduardo, parecen haber adoptado la cifra de los tres mil muertos como la verdad oficial del episodio. Eduardo suele recordar una entrevista de 1990 en que García Márquez cuenta que, durante la escritura de la novela, encargó a varias personas la investigación de los datos precisos, y explica que la respuesta fue decepcionante: los muertos, según le dijeron, habían sido muy pocos: tres o cinco o diecisiete. Eso, desde luego, no le servía a las dimensiones de la realidad de *Cien años*, una novela instalada en la hipérbole y la leyenda con la naturalidad del reportaje: las dimensiones de la novela, dice García Márquez, necesitaban una cifra que fuera de su tamaño. Es fácil tomar la declaración al pie de la letra, sobre todo si olvidamos la tendencia de García Márquez a cambiar sus respuestas dependiendo del entrevistador o del momento o de los caprichos de su carácter. Lo cierto es que sus cifras tampoco son precisas: no es verdad que los muertos hayan sido tres o cinco o diecisiete. En las investigaciones que ha hecho Posada Carbó, el número de víctimas varía entre cuarenta y siete y dos mil muertos. Nadie sabe la verdad; pero tomar la versión de la novela por la realidad real es no saber leer ni la realidad ni las novelas.

«Lo mismo sucede con la supuesta conspiración de silencio que en la novela rodeó los hechos», me dice Eduardo. «¿Cómo se puede hablar de conspiración de silencio si la tragedia salió en todos los periódicos, si Gaitán hizo acusaciones públicas en el Congreso, si el principal diario del país acusó al presidente Miguel Abadía Méndez de ser constitucionalmente responsable de los hechos?». Creo que tiene razón, y añado las caricaturas de Rendón al capítulo de las pruebas. Parece cierto que la novela explora el episodio real de la masacre para pensar —como piensan las novelas: de manera indirecta, ambigua, irónica— en asuntos importantes: la escritura de la verdad histórica, el pasado como territorio en disputa, el poder político y el hombre de a pie como las partes en conflicto. Pero si el poder colombiano en 1928 trató de ocultar o suprimir los hechos, puede decirse sin temor que su fracaso fue estentóreo. Y, sin embargo, ahí está la congresista en el 2017. La verdad de la novela ha reemplazado en su mente la verdad histórica, o se ha confundido con ella; y, puesto que es una verdad que contradice su relato de extrema derecha, lo niega de plano: «Un invento de la narrativa comunista».

Pero lo que niega es la versión de una novela. No logro liberarme de la impresión de que la novela ya lo había previsto. Otro día deberíamos hablar de lo que esto implica.

Sentirse como en casa en el pasado

Vuelvo con frecuencia al *Cuaderno de notas de «Memorias de Adriano»*, que Marguerite Yourcenar publicó en 1952, un año después de la aparición de la novela. Leí las *Memorias* por primera vez a los veinte años, en la traducción de Julio Cortázar, y no aprecié la novela como hubiera debido. En una carta de enero de 1955, Cortázar le cuenta a un amigo que ha empezado a traducir el libro. «Lo leí en Italia, el año pasado, y me entusiasmó (más que a Aurora, que lo encuentra retórico)». Aurora es Aurora Bernárdez, la gran traductora que era la mujer de Cortázar por esa época. Sí, tal vez lo mismo me ocurrió a mí la primera vez que la leí: lector obsesivo de Vargas Llosa y de Hemingway, la novela de Yourcenar me habrá parecido retórica. Puedo decir, eso sí, que en los años siguientes he recuperado el tiempo perdido.

En el cuaderno, Yourcenar escribe: «Retrato de una voz. Si decidí escribir estas *Memorias de Adriano* en primera persona, fue para prescindir lo más posible de todo intermediario, incluso de mí misma. Adriano podía hablar de su vida más firme y sutilmente que yo». Lo que veo en esas palabras es la voluntad de habitar otra consciencia, comprenderla desde dentro y, por medio de ese acto de posesión, comprender el mundo que la rodea. Es un gesto de enorme dificultad. «Un pie en la erudición», escribe Yourcenar, «el otro en la magia, o más exactamente, y sin metáfora ninguna, en esta *magia simpática* que consiste en transportarse por medio del pensamiento al interior de alguien». «Magia simpática»: ¿no es acaso otra manera de nombrar lo mismo que Zadie Smith llamaba «voyerismo interpersonal» o «reanimación epidérmica cruzada»? En el caso de las ficciones que hablan del pasado, me parece la única herramienta que tenemos a nuestra disposición para entender esos mundos desaparecidos, para lograr lo que Nathaniel Hawthorne llamaba *a home-feeling with the past*: la sensación de estar en casa en el pasado. Yourcenar, de nuevo: «Rehacer desde dentro lo que los arqueólogos del siglo xix hicieron desde fuera».

El gran malentendido que rodea la novela histórica es pensar que basta con una grosera acumulación de datos para lograrla. Kundera traza una distinción invulnerable: «Hay de una parte la novela que examina la dimensión histórica de la existencia humana, y de otra parte, la novela que es la ilustración de una situación histórica, la descripción de una sociedad en un momento dado, una historiografía novelada». Estas novelas son todo erudición (y a veces ni eso) y nada o muy poco de magia simpática, y el resultado es, para usar la acusación mortal, redundante: nada hay en ellas que no haya sido dicho o pueda ser dicho, y con frecuencia de mejor manera, por un historiador. Pero gustan enormemente a ciertos lectores, acaso porque sienten que aprenden algo mientras leen, y terminan el libro con la impresión de saber más sobre el antiguo Egipto o la Revolución francesa o Manuelita Sáenz. En realidad, habría que inventar otra palabra para esas novelas que desnaturalizan el arte de la novela. «Los que ponen la novela histórica en una categoría aparte», escribe Marguerite Yourcenar, «olvidan que el novelista no hace más que interpretar, con la ayuda de los procedimientos de su tiempo, un cierto número de hechos pasados, recuerdos conscientes o no, personales o no, tejidos con el mismo material de la historia».

Ahora me pregunto por qué no entendí *Memorias de Adriano* en mi juventud. Acaso la respuesta esté en las mismas razones por las que Yourcenar, que trató de escribir esa novela a los veinte años, sólo pudo hacerlo después. «Hay libros a los que uno no se debe atrever antes de los cuarenta años. Antes de esa edad se corre el riesgo de ignorar la existencia de las grandes fronteras naturales que separan, de persona a persona, de siglo a siglo, la infinita variedad de los seres». La novela exige experiencia. En un pasaje de *Memorias de Adriano*, el emperador dice: «La letra escrita me ha enseñado a escuchar la voz humana, igual que las grandes actitudes inmóviles de las estatuas me han enseñado a apreciar los gestos. Por otra parte, y a raíz de ello, la vida me ha aclarado los libros».

La experiencia es necesaria para entender el pasado. Añado la imaginación y la memoria: la capacidad de vivir vidas que no son la nuestra, cosa para la cual, misteriosamente, algunos están negados (con frecuencia, aunque les pese a tantos, los que no leen novelas); y la capacidad de traer al presente mental las sensaciones, las impresiones y las imágenes de los mundos desaparecidos.

Restaurar la continuidad

El 16 de enero de 1935, en medio del auge imparable de los fascismos europeos, Paul Valéry dio una conferencia en la Université des Annales que tituló «El balance de la inteligencia». Y el balance era negativo. Vivimos, decía Valéry, en tiempos de desorden, un desorden sin término visible: la sensación de desorden se percibe en todas partes, alrededor de nosotros pero también en nuestro interior, en nuestros placeres pero también en nuestros saberes, en nuestra política y en nuestro periodismo y en nuestras artes y en nuestras ciencias. Son tiempos caóticos en que la interrupción y la incoherencia se han vuelto ingredientes ordinarios de la vida; muchos los buscan y los necesitan, muchos se han vuelto dependientes de las «variaciones bruscas» y las «sensaciones constantemente renovadas» que produce nuestro tiempo convulso.

Valéry identifica un fenómeno que, le parece, nos pone frente a desafíos inéditos: el caos de nuestra experiencia presente es tanto, las transformaciones de nuestra vida en los últimos tiempos son tan dramáticas, que hemos perdido la capacidad de usar el pasado para imaginar el futuro. Hemos trastocado tantas cosas a expensas del pasado, desorganizando y reorganizando su legado, «que el presente nos aparece como un estado sin precedente y sin ejemplo». Esto, dice Valéry, es una novedad. «Hace treinta años era todavía posible examinar las cosas de este mundo bajo un aspecto histórico, es decir que por entonces era posible para todos buscar, en su momento presente, el curso y desarrollo bastante inteligibles de los sucesos que se habían producido en el pasado. La continuidad reinaba en los ánimos». Me parece una idea importantísima: la continuidad con el pasado se ha roto, y esa ruptura hace imposible la comprensión del presente y, lo cual es acaso peor, la imaginación del futuro. La continuidad de la que habla Valéry es la consciencia de ser parte de un devenir, de ser parte de un relato. Lo he escrito en otra parte, pero lo repito aquí: las novelas que prefiero como lector, las novelas que intento escribir, son las que buscan restablecer esa continuidad rota: en otras palabras, *restaurar la condición histórica del hombre y resistir a la progresiva des-historización de nuestra experiencia.*

En el prefacio de *Regards sur le monde actuel,* que se publicó en el año de su muerte, habla Valéry de la influencia enorme que tiene el pasado en el futuro: el pasado actúa sobre el futuro con más potencia incluso que el presente. «El futuro carece de imagen», escribe. «La historia le da los medios para ser pensado». (A un personaje de una de mis novelas le gusta la frase que pronuncia la Reina en *A través del espejo*: «Es muy pobre la memoria que sólo recuerda hacia atrás»). Sea como sea: cada vez que el ser humano se ve confrontado a una situación nueva, a la urgencia de actuar sobre algo que nunca ha experimentado, no reflexiona sobre ella tal como se presenta, sino que mira hacia el pasado, hacia sus —palabras de Valéry— *recuerdos imagi-*

narios. Allí encuentra «un cuadro de situaciones y catástrofes, una galería de antepasados, un inventario de actos, expresiones y actitudes, decisiones presentadas a nuestra inestabilidad e incertidumbre». Estos elementos del pasado son el material de sus decisiones presentes. De este modo, dice Valéry, «la historia alimenta la historia».

Yo añadiría que también la ficción alimenta la historia. Alejandro Magno, que no sabía que esta escena se convertiría en un cliché, dormía con dos objetos bajo la almohada: su espada y la *Ilíada.* La historia de Aquiles validaba sus ambiciones, y no me cabe duda de que tuvo un papel tan decisivo en su realización, o por lo menos en su emprendimiento, como el de la espada (de la cual no sabemos gran cosa). La *Ilíada* era una herramienta o una caja de herramientas, y, en todo caso, un atajo intelectual y emocional que Alejandro utilizaba para explicar al mundo quién era y cómo entendía su misión; era también, para él y para quienes lo rodeaban, una metáfora de su estatura heroica. La *Ilíada* era la historia que Alejandro quería articular sobre sí mismo, y es posible imaginar que, cuando pronunciaba alguna arenga o tomaba en público alguna decisión, ya tenía en mente al historiador que contaría su vida: hombre de cierta cultura, actuaba con la consciencia de ser observado por los notarios del futuro escrito. Lo difícil es saber qué le hubiera parecido su propia vida contada por Plutarco, el responsable principal del retrato que nos ha llegado. Pero claro: Plutarco no se sentía historiador, sino biógrafo. «No escribimos historia, sino vidas», nos dice al comienzo de la que le dedicó a Alejandro. Lo que le interesa es retratar la virtud o el vicio, y Plutarco encuentra que la una y el otro se manifiestan más en acciones insignificantes —una palabra, una broma— que en las escenas de la guerra o en el asedio de las ciudades.

Así, igual que los pintores captan el parecido a partir del rostro y de los rasgos exteriores en los que se manifiesta el carácter, preocupándose apenas del resto de las partes del cuerpo, del mismo modo se nos ha de permitir a nosotros que penetremos ante todo en los rasgos espirituales para a través de ellos trazar la imagen de la vida de cada hombre, dejando a otros los hechos grandiosos.

Sí, ahí está de nuevo: el anhelo o la urgencia por conocer el lado oculto de los seres humanos, lo que no revelan (y a veces esconden) sus gestos más públicos. *Penetrar en los rasgos espirituales* no es la única traducción posible; en otras, Plutarco pide que «se nos conceda atender más a los indicios del ánimo». En cualquier caso, se trata de una empresa de inmensa dificultad, sobre todo teniendo en cuenta que Alejandro llevaba unos cuatrocientos años muerto cuando Plutarco escribió sobre él. «Incluso a Plutarco se le escapará siempre Alejandro», escribe el emperador Adriano en la novela de Marguerite Yourcenar. Es uno de mis pasajes predilectos. Adriano, que ya ha pasado los sesenta, está presentándole al jovencísimo Marco Aurelio, futuro emperador, las intenciones que lo empujan a escribirle esta carta: la larga carta que estamos leyendo. Quiere definirse y tal vez juzgarse, nos dice; en todo caso, quiere conocerse mejor antes de morir. Pero hay un problema:

> Como todo el mundo, sólo dispongo de tres medios para evaluar la existencia humana: el estudio de uno mismo, el más difícil y peligroso, pero también el más fructífero de los métodos; la observación de los hombres, que la mayoría de las veces consiguen ocultarnos sus secretos o hacernos creer que los tienen; los libros, con los particulares errores de perspectiva que surgen entre sus líneas.

Y añade: «Pero éstos mienten, incluso los más sinceros». Los poetas, dice, nos llevan a un mundo más vasto y más bello, y por ello inhabitable; los filósofos tratan de estudiar la realidad en su estado más puro, y acaban eliminando de ella todo lo que hemos conocido; los historiadores, por su parte, nos proponen «un pasado de sistemas demasiado completos, series de causa y efecto demasiado exactas y demasiado claras para haber sido jamás enteramente ciertas».
Es como si Adriano hubiera leído a Tolstói.

Las misteriosas fuerzas de la historia

No, la historia no es tan organizada como la suelen contar los historiadores: bajo su plácida superficie de causalidades se mueven otras energías que la moldean, cuyo estudio está fuera del alcance de la escritura factual. Así, reflexionando sobre este molesto asunto, comienza el epílogo de *Guerra y paz*, uno de los pasajes más extraños que ha escrito novelista alguno para terminar una novela. Han pasado ya siete años desde los sucesos de 1812, que constituyen el grueso de la novela, y el agitado mar de la historia europea, dice Tolstói, se ha asentado de nuevo en sus orillas. «Parecía haberse aquietado», leemos, «pero las fuerzas misteriosas que mueven a la humanidad (misteriosas porque las leyes que determinan su movimiento nos son desconocidas) continuaban actuando».

Guerra y paz es acaso el mayor intento jamás hecho en literatura por comprender esas fuerzas misteriosas, esas leyes desconocidas. ¿Cuál es la naturaleza de la fuerza que produce los hechos históricos?, se pregunta Tolstói en la segunda parte del epílogo. ¿La de la voluntad de los poderosos, acaso? Pero ¿de dónde sale el poder de los poderosos? ¿Y cómo explicar la diferencia de magnitud entre la voluntad de un hombre —por ejemplo, Napoleón— y los resultados en la vida y el sufrimiento y la muerte de millones? Una clase de historiador, el especializado, dirá: la fuerza que mueve a los pueblos es la voluntad de los héroes o los soberanos; el historiador general, en cambio, dirá: la voluntad de un héroe o un soberano es la suma de muchas fuerzas diversas, las de los miles de individuos que participan en un hecho histórico, pero también las de las ideas que informan la acción del héroe o el soberano. Sin embargo, la observación de la historia sugiere que la suma de aquellas fuerzas diversas no suele ser igual a la magnitud del resultado: es necesario, entonces, admitir que hay fuerzas ocultas e inexplicadas.

El objetivo de la historia es explicar o iluminar la fuerza que llamamos poder. Tolstói dice: poder es la suma total de la voluntad de las masas, transferida por un acuerdo tácito o expreso entre las masas y los líderes por ellas escogidos. Pero ¿cómo explicar entonces esos sucesos históricos en los cuales la actividad de las masas contradice la voluntad que han delegado en el líder? ¿Cómo explicar, por ejemplo, que «los más crueles asesinatos de la Revolución francesa» hayan resultado de «la prédica de la igualdad de todos los hombres», y que «las guerras más perversas» resulten de la «prédica del amor»? Es preciso, dice Tolstói, reconocer la intervención de fenómenos que sólo cabe llamar accidentales. Pues bien: esas fuerzas ocultas e inexplicadas, esos fenómenos que llamamos accidentales, no reciben, no pueden recibir, la atención del historiador. Son de naturaleza psicológica o emocional, no visibles ni documentables. No los vemos, pero están allí. De estos mecanismos, creo yo, se ocupan las novelas.

En marzo de 1868, tras la publicación del cuarto de los seis volúmenes proyectados de *Guerra y paz*, Tolstói publicó un inusual ensayo en el que explicaba su libro y respondía a las críticas que había recibido. La más interesante de ellas, que con el tiempo se convertiría en un rito de paso para los novelistas que se ocupan del pasado público, cuestiona las divergencias existentes entre la descripción de los hechos históricos en el libro y la que han hecho los historiadores. Tolstói dice: la divergencia no sólo no es accidental, sino que es inevitable. El artista y el historiador suelen dar versiones distintas y a veces opuestas de un evento histórico: por ejemplo, dice Tolstói, una batalla. «La diferencia de los resultados obtenidos», escribe Tolstói, «se explica por las fuentes de las que los dos reciben su información. Para el historiador, la fuente principal son los informes de los comandantes individuales y del comandante en jefe. El artista no puede sacar nada de estas fuentes: no le dicen nada, no le explican nada. Más aún, el artista se aparta de ellas, pues encuentra en ellas una falsedad necesaria».

Y pone el ejemplo de la forma en que se construye el relato histórico de una batalla: quien hable inmediatamente después con los soldados recibirá de cada uno el relato de lo que vio y experimentó, y acabará haciéndose una impresión «majestuosa, compleja, infinitamente diversa, opresiva y vaga»;

pero después de unos días, las impresiones de los hombres comienzan a unirse en una sola impresión general que ocurre en los reportes oficiales, y cada persona se sentirá aliviada de cambiar sus incertidumbres y sus confusiones por la certeza y la claridad del relato colectivo, que siempre es halagüeño. Se instala en ese relato —el que examinarán los historiadores del futuro— una falsedad inevitable, y corremos el riesgo de perder contacto para siempre con una parte importante (con una verdad posible) de lo que ocurrió.

Invitemos de nuevo a Valéry, esta vez con un discurso que dio en 1932: «¿Cómo era vivir en tal o cual época? Ésa es, en el fondo, la cuestión. Todas las abstracciones y nociones que uno encuentra en los libros se quedan vacías si no nos damos los medios para descubrirlas en nuestra propia experiencia».

Hacernos descubrir, en nuestra propia experiencia, los pasados ajenos: si una ficción no logra eso, no ha logrado nada.

Cuanto pudo haber sido y no fue

En *Terra Nostra*, la alucinante exploración de lo que la novela llama «la menos realizada, la más abortada, la más latente y anhelante de todas las historias: la de España y de la América española», Carlos Fuentes nos presenta un artefacto llamado el Teatro de la Memoria: se trata de un invento en el que el único espectador ocupa el escenario, mientras la representación tiene lugar en el auditorio. Y allí, gracias a un incomprensible sistema de cuerdas y poleas, con imágenes proyectadas sobre múltiples lienzos por una luz misteriosa, el espectador será testigo no sólo de lo que ha sido, sino también de lo que pudo haber sido y nunca fue. Calpurnia convence a César para que no asista al Senado en los idus de marzo; en un establo de Belén, una niña nace, se convierte en profetisa, es indultada por Poncio Pilatos y ve morir a Barrabás en la cruz; Odiseo muere, consumido por las llamas, dentro de su caballo de madera; Colón viaja hacia el este, por tierra, en busca del reino de Gengis Kan. «¿Qué me darán», dice Valerio Camillo, creador del artefacto, «a cambio de esta invención que les permitiría recordar cuanto pudo haber sido y no fue, los reyes de este mundo?».

«Nada, maestro Valerio», responde monseñor Ludovico, su interlocutor. «Pues sólo les interesa saber lo que realmente es y será».

«No me entiendes, monseñor. Las imágenes de mi teatro integran todas las posibilidades del pasado, pero también representan todas las oportunidades del futuro, pues sabiendo lo que no fue, sabremos lo que clama por ser: cuanto no ha sido, lo has visto, es un hecho latente, que espera su momento para ser, su segunda oportunidad, la oportunidad de vivir otra vida. La historia sólo se repite porque desconocemos la otra posibilidad de cada hecho histórico».

La novela no es sólo el lugar donde recuperamos el pasado y lo preservamos; es también el dominio de lo posible, donde el lado oculto de la experiencia humana puede salir a la superficie, donde lo invisible se hace visible y, en un sentido más amplio, donde las versiones de la historia que hemos recibido como imposiciones pueden ser confrontadas, cuestionadas, contradichas, desacreditadas. Tal vez recordar lo que podría haber sido sea también una forma de rescatar lo que la versión oficial ha borrado. Si esto es cierto, el nombre de este artificio, el Teatro de la Memoria, quizá no sea tan metafórico como parecía. Esto es lo que son ciertas novelas: lienzos en los que recuperamos todas aquellas historias que, si la versión oficial se saliera con la suya, serían olvidadas y dadas por muertas. Y una dimensión de lo que somos —la dimensión de lo posible— moriría con ellas.

III. Contar el misterio

Noviembre 3, 2022

Al amparo del secreto

Hacia el final de «La dama del perrito», Gurov, un hombre casado que tiene una relación adúltera con una mujer casada, está a punto de salir de su casa para encontrarse con ella, y de repente parece darse cuenta de lo que nosotros, los lectores, hemos observado durante varias páginas: está viviendo dos vidas. Una de ellas es aparente, visible, «llena de verdades convencionales y convencionales engaños»; la otra es la vida que vive en secreto. Y entonces Gurov tiene uno de esos momentos de lucidez casi dolorosa que hemos llegado a identificar como *chejovianos*: se da cuenta de que «todo lo que le parecía importante, interesante, necesario, todo aquello en lo que era sincero y no se engañaba, que constituía el centro de su vida, ocurría en secreto», mientras que «todo lo que constituía su mentira, su coraza» tenía lugar a la vista de sus congéneres. Y enseguida, la epifanía:

> Y juzgaba a los otros según lo que le sucedía a sí mismo, no creía en lo que veía, y siempre suponía

que todos los hombres llevaban su muy interesante vida real al amparo del secreto, como al amparo de la noche. Toda existencia personal se sostenía sobre un secreto.

Ese secreto, esa vida oculta de cuya existencia sólo tiene noticia quien la vive, fue a partir de cierto momento el terreno de caza de la novela y, con certeza, una de las razones de su auge. Sólo en las novelas teníamos acceso a esos rincones ocultos de lo que, a falta de mejor palabra, incluso los materialistas incorregibles llamaremos el alma humana. Era un conocimiento tan intenso, y lo era de lugares tan secretos, que a mí me parece comprensible la desconfianza que las novelas suscitaron durante mucho tiempo. Madame de Staël, que no puede ser acusada de puritana, hace constar esas preocupaciones en *Alemania*, el libro que escribió durante su exilio: después de que Napoleón Bonaparte la desterrara por, entre muchas otras razones, haber publicado una novela. «No esconderé el hecho», dice allí madame de Staël, «de que las novelas, aun las más puras, hacen daño; nos han enseñado demasiado lo más secreto de los sentimientos. Ya no puede uno sentir nada sin acordarse de haberlo leído, y se han rasgado ya todos los velos del corazón. Los antiguos nunca habrían hecho de su alma el tema de una ficción; era para ellos un santuario donde incluso su propia mirada habría tenido miedo de penetrar». Son palabras de la segunda década del siglo. En los años siguientes, la penetración de ese santuario —la violación de esos secretos, la exposición descarnada de esas consciencias, la revelación de todo lo que nunca podemos ver en la realidad— se iba a convertir en la medida de las grandes novelas. En Flaubert y Balzac, Dostoievski o Tolstói, esto es lo que los lectores perseguirían, y es en muchos casos lo que seguimos persiguiendo.

Ford Madox Ford, a quien volveré con frecuencia en los días que vienen, lo explica muy bien en una página que he recordado en otra parte. Está en un pequeño volumen casi olvidado: *The English Novel: From the Earliest Days to the Death of Joseph Conrad*. Ford lo comenzó en julio de 1927, en Nueva York, lo continuó a bordo del *SS Patria* y lo terminó en agosto, en el puerto de Marsella, donde su amigo Joseph Conrad se había hecho marinero más de cincuenta años antes. Para Ford, hay un momento en que la novela llega, por decirlo de algún modo, a su mayoría de edad. Con Diderot, y luego con Stendhal, la novela descubre que «las palabras puestas en boca de un personaje no tienen que considerarse portadoras del apoyo personal del autor». Nunca he podido entender que no viera lo mismo en el *Quijote*. Pero no nos distraigamos. «En ese instante», dice Ford, «fue obvio de repente que la Novela era capaz de ser considerada como medio para una discusión profundamente seria y de muchos lados, y, por lo tanto, como medio para una investigación profundamente seria del caso humano». Me gusta todo en esta frase: la *discusión de muchos lados*, que implica la renuncia, tan novelística, al juicio moral y a la condena, y la voluntad de entender la diversidad impredecible de los seres humanos; la idea del «caso humano», otra forma de decir que lo humano es misterioso, un enigma puesto allí para que lo resolvamos; la palabra *investigación*, que remite a la idea de descubrimiento: no se investiga si no es para descubrir. Pero ya Henry Fielding nos recordaba que *invención* viene de *invenire*, que en latín significa *descubrir*.

El léxico del novelista

Conversación por teléfono con Sergio Cabrera, el director de cine colombiano protagonista de *Volver la vista atrás*. «Me paso el día hablando de ti», le digo. Y comentamos la extrañeza de la situación, cómo ha cambiado nuestra relación desde que el libro —así lo llamamos: *el libro*— apareció en español. Antes éramos amigos; ahora que he escrito su vida y la de su hermana, ahora que mi novela le ha descubierto zonas de su vida que antes no conocía, ahora que en su memoria se confunden la verdad de su pasado con la historia que yo he contado sobre él, nuestra amistad se ha convertido en otra cosa más extraña, más ambigua. Me doy cuenta de que no sabemos cómo llamar a esta relación que ha surgido entre un escritor de ficciones y su muy real personaje.

Volver la vista atrás nació de varias horas de conversaciones que fuimos teniendo a lo largo de siete años. Nos conocimos a principios del siglo, hacia el año 2002, y durante una década nos encontramos esporádicamente, mientras él vivía en Madrid y yo en Barcelona. Pero en 2012, cuando regresé a instalarme en Bogotá después de dieciséis años de ausencia, me encontré con la coincidencia formidable de que también él había decidido regresar, y también después de muchos años, y esa identidad de hijos pródigos fue sin duda una de las razones para acercarnos. Su timidez fue cediendo poco a poco, y a medida que nos conocíamos mejor fue surgiendo en mi cabeza una evidencia: su vida no era como las otras. Sergio hablaba de su padre, Fausto Cabrera, que había llegado a Colombia a mediados de siglo, con veinte años de edad, después de que su familia de republicanos exiliados de la Guerra Civil tuviera que vagabundear por varios países de América Latina; y de su madre, una mujer hermosa de la burguesía de Medellín, buena lectora de poesía que había visto algo especial en aquel español que se había hecho un nombre recitando poemas. Se convirtieron en actores de teatro y luego en pioneros de una televisión incipiente, y así crecieron Sergio y su hermana Marianella: en el mundo de los artistas famosos, ha-

ciendo ellos mismos papeles infantiles (en una obra
de Marguerite Duras, en otra de Bertolt Brecht).
Todo esto terminó en 1963, cuando el padre llevó
a la familia a la China de Mao. Sergio me hablaba
de sus años de adolescencia en el mundo insólito de

la Revolución Cultural; hablaba de sus lecturas del
Libro Rojo en las comunas rurales; con el tiempo
y la confianza me habló de los tres años que pasó, a
finales de los sesenta, militando en una de las gue-
rrillas colombianas que surgieron por esos tiempos:

tiempos que en toda América Latina fueron revolucionarios.

A partir de un momento me rendí a la intuición de que su vida no sólo era inusual, sino que además —y esto era lo más inusual de todo— *contaba algo importante*. Sergio parecía encarnar la obsesión principal que me había acompañado durante toda mi vida de novelista, desde *Los informantes*: contar el escenario en que las fuerzas invisibles de la historia chocan con nuestras pequeñas historias íntimas, las invaden sin misericordia y las trastornan para siempre. Fue así como pasamos de tener conversaciones a tener entrevistas grabadas cuyo objetivo era un libro. ¿Pero qué tipo de libro? A lo largo de nuestros siete años de conversaciones, fue cobrando cada vez más presencia esa pregunta espeluznante: ¿qué forma habría de tener la vida de Sergio Cabrera?

La escritura de una novela es ante todo el descubrimiento de una forma. Éste es el riesgo principal que corre el novelista, y acaso el más cruel: porque imponerle a su novela una forma que no le conviene, o equivocarse de forma por impericia o ignorancia (es decir, por un débil dominio de su caja de herramientas o por un conocimiento insuficiente de su tradición, que es lo único que tiene un novelista para orientarse en el vasto bosque de sus posibilidades), conducirá casi certeramente al fracaso, aunque muchas veces sólo el novelista se percate de que ha fracasado. La forma es el conjunto de decisiones —técnicas, estilísticas, estructurales— que le permiten al novelista extraer *todos* los significados de su novela, hacer que su novela diga *todo* lo que tiene que decir y que lo diga de la *mejor manera posible*, lo cual nos dará a nosotros, los lectores, la impresión de que *esta forma era la única forma*; no encontrarla, o encontrar una que se aproxima pero que no es la precisa, condenará la novela a la insuficiencia, a la malversación, al infierno de las posibilidades desperdiciadas. Pero el asunto es todavía más complejo, pues la forma, por lo menos en cuanto atañe a la novela, o por lo menos la novela tal como yo la entiendo, no es solamente un asunto formal: la forma es la manifestación visible de valores menos palpables, pero que son los que definen el lugar del novelista en el mundo narrado e incluso la distancia que se abre entre la novela y la vida. La forma es una manifestación de la relación que el novelista tiene con su materia, y esa relación no es sólo literaria: es también moral. En otras palabras: toda poética siempre lleva implícita una ética.

Es el momento de traer a colación unas palabras de Ford: «Toda novela debería ser la biografía de un hombre o de un asunto, y toda biografía de un hombre o de un asunto debería ser una novela». Aparecen en *Joseph Conrad: A Personal Remembrance* (un libro que parece una biografía, pero, de manera crucial, no lo es). Las usé como epígrafe de *Volver la vista atrás*, y eso no es extraño; sí es extraño que las haya puesto en su lugar antes de escribir la primera línea. Esas palabras, viniendo de donde venían —es decir, viniendo de un libro que pretendía contar la vida de un hombre real—, me servían de amuleto o de fetiche para defenderme de mis propias incertidumbres. A partir de cierto momento, en todo caso, las palabras de Ford se convirtieron en una brújula para mí. Eso, me di cuenta, era lo que yo quería hacer con la vida de Sergio Cabrera: una novela que fuera la biografía de un hombre, una biografía de un hombre que fuera una novela. Ya para entonces lo intuía, pero por esos días se hizo evidente que mi libro debía prescindir de toda invención, en el sentido de fabricar eventos o circunstancias que no habían ocurrido en la realidad. Se trataba de construir la narración únicamente con hechos reales, con situaciones reales acaecidas a personajes reales, no desdeñando ninguna de las herramientas de la caja del novelista, pero renunciando a la fabulación.

Biografía, invención, hechos reales, fabulación, ficción, novela: todas estas palabras son, por lo menos para el novelista, ambiguas y problemáticas. Escribir una novela es también redefinir el léxico que describe nuestro oficio. Escribir *Volver la vista atrás* fue también preguntarme todos los días por qué, si no estaba inventando nada, tenía la sensación irrefutable de estar escribiendo una obra de ficción.

¿Cómo se conoce a alguien?

La idea de la narración como el descubrimiento de otro. En *El corazón de las tinieblas* y *Lord Jim*, el capitán Marlow cuenta su descubrimiento de una vida ajena, la del enloquecido Kurtz o la del cobarde Jim, pero no lo hace desde la atalaya de quien ya lo sabe todo y nos lo comunica ordenadamente, sino respetando la manera en que fue descubriendo esas vidas: sus opiniones equivocadas, sus revelaciones, sus cambios de juicio. Reproduciendo, en fin, la manera como cada uno de nosotros descubre a los otros: no de repente, sino poco a poco; no accediendo de forma instantánea al misterio de las vidas ajenas, sino iluminándolo con dificultad a lo largo del tiempo, quitándoles a esas vidas ajenas los velos que las cubren siempre, y acercándonos así a una verdad (que nunca, a menos que estemos dispuestos a engañarnos, es completa).

En el libro de Ford sobre Conrad leemos un reproche que los dos, el escritor y el hombre escrito, le hacían al género de la novela, o por lo menos a la novela que para ellos, en el momento que se describe, era predominante:

> El problema de la novela, y de la novela británica en particular, era que avanzaba recto hacia delante, mientras que en el conocimiento gradual de nuestros semejantes nunca avanzamos recto hacia delante. Uno conoce a un caballero inglés en su club de golf. Es fornido, pleno de salud, el modelo de esos chicos de las mejores escuelas públicas inglesas. Poco a poco, uno descubre que el hombre es un neurasténico sin remedio, deshonesto en cuestiones de dinero de bolsillo pero inesperadamente abnegado, terriblemente mentiroso pero muy cuidadoso en el estudio de los lepidópteros y, por último, según lo que se ha sabido, es bígamo... Para meter a un hombre así en la ficción no se podría empezar por el principio y recorrer su vida cronológicamente hasta el final. Hay que introducirlo primero con una fuerte impresión, y luego ir hacia atrás y hacia delante para trabajar su pasado.

Ford le puso un nombre a esta manera de avanzar literariamente en el conocimiento de otro ser humano: la llamó *impresionista*. Así escribió Conrad *El corazón de las tinieblas* y *Lord Jim*; y Ford, que fue acaso quien mejor leyó a Conrad y quien mejor entendió lo que su amigo trató de hacer como novelista, la usó también en *El buen soldado*. Al año siguiente de la publicación del libro sobre Conrad apareció en Estados Unidos *El gran Gatsby*, que en muchos sentidos hace lo mismo: el narrador descubre a otro personaje no empezando por el principio y recorriendo su vida cronológicamente hasta el final, sino yendo *hacia atrás y hacia delante para trabajar su pasado*. Estas novelas imitan o reproducen nuestra posición de incertidumbre en el mundo real, y ponen en escena la curiosidad o fascinación, muchas veces impertinente o morbosa, que sentimos por las vidas de los otros: sus misterios, sus secretos, su vida invisible. Esa fascinación o curiosidad es una de las razones principales por las cuales seguimos leyendo y escribiendo novelas; mientras la sigamos sintiendo seguiremos siendo humanos, y mientras sigamos siendo humanos la novela seguirá con vida.

Dowell, el narrador de *El buen soldado*, comienza la novela confesando sus limitaciones: «No sé nada —nada en absoluto— del corazón humano». Las grandes novelas comentan a menudo, casi sin darse cuenta, sobre sus propios procedimientos, o su poética suele aparecer en su superficie verbal como un monstruo que asoma la cabeza en un lago; y *El buen soldado*, esta investigación en el misterio de los otros, al mismo tiempo se puede leer como una reflexión sobre el arte de narrar. Acerca de cierto personaje que le ha hecho unas revelaciones importantes, o que le ha dado información de cuya importancia no se ha percatado inmediatamente, Dowell dice que el hombre hablaba como un novelista barato. Pero luego recapacita: «O como un muy buen novelista, se podría decir, si la tarea del novelista es hacer que veamos con claridad las cosas». Leemos *El buen soldado* y recordamos el prefacio de *El negro del «Narcissus»*, donde Conrad escribe que la tarea del escritor «es, mediante el poder de la palabra escrita, haceros oír, haceros sentir y, sobre todo, haceros ver». Conrad se refiere a una visualidad sensorial («hacer justicia de la manera más alta al universo visible», dice); Ford, en cambio, se refiere a una interpretación correcta o precisa de los otros. Las novelas que prefiero —las novelas en cuya tradición tratan de inscribirse las mías— hacen las dos cosas al mismo tiempo.

Interpretaciones de las vidas humanas

Tal vez se podría construir una familia literaria unida caprichosamente por este rasgo: hacer de la investigación de los secretos ajenos, de ese lento descubrimiento de las vidas de los otros, no sólo una de las razones esenciales del acto de leer, sino una parte de la trama o su motor esencial, y también su asunto principal, su preocupación obsesiva. En el prefacio de *El negro del «Narcissus»*, Conrad escribe que el artista «apela a nuestra capacidad de asombro, al sentido de misterio que rodea nuestras vidas»; y parece claro que esto es lo que hace esta familia de la que hablo, cuyos ancestros son Conrad y Ford y una novela de Fitzgerald, y donde aparecerían con el tiempo descendientes como *Los emigrados* y *Austerlitz*, de W. G. Sebald, o como *Pastoral americana, Me casé con un comunista* y *La mancha humana*, de Philip Roth, o también *Corazón tan blanco, Mañana en la batalla piensa en mí* y *Tu rostro mañana*, de Javier Marías. Esta familia de novelas fue para mí una compañía permanente y un sustento durante muchos años, mientras escribía *Los informantes*; y años después, durante la escritura de *El ruido de las cosas al caer* y *La forma de las ruinas*, me gustó contar con la compañía invisible (estar consciente de la presencia en mi biblioteca) de *Soldados de Salamina* y *El impostor*, de Javier Cercas, y de *Limónov*, de Emmanuel Carrère, y de ese antepasado indirecto que es *En busca del barón Corvo*, de A. J. A. Symons. Son obras en las cuales la estrategia es la misma: un hombre, que siempre es el narrador, investiga en el misterio —y los secretos y los ocultamientos— de la vida de otro. Y lo que descubre lo transforma, inevitablemente, porque descubrir los secretos de otro es también descubrir los secretos de su propio país: de su historia colectiva.

Hay algo más que une a aquellas novelas que Ford ha llamado «impresionistas»: en ellas, la vida ajena descubierta o develada es el tema de la novela *tanto como el efecto que los descubrimientos tienen en quien los hace.* El descubrimiento de Gatsby hace que Nick se entienda mejor a sí mismo. Mediante la reconstrucción de lo que les ha sucedido a otros, Dowell entiende finalmente lo que le ha sucedido a él. Las razones de la locura de Kurtz son el tema de *El corazón de las tinieblas* tanto como el efecto que tienen en la vida o en la consciencia de Marlow, cifrado en la escena extraordinaria en que Kurtz está muriendo. Marlow, que lo acompaña con una vela en la mano, ve de repente una transformación terrible que se produce en su rostro moribundo, y nos dice: «Fue como si se hubiera rasgado un velo». Se pregunta si Kurtz «habrá vuelto a vivir toda su vida, cada detalle de deseo, tentación y entrega, durante ese supremo instante de conocimiento absoluto». Y entonces oye ese grito que era también un susurro, esa interjección repetida que es para mí uno de los lugares donde comienza el siglo xx: «¡El horror! ¡El horror!».

Marlow cuenta su historia también para acercarse, aunque sólo sea un paso más, a la revelación de ese instante de misterio; al contar la historia del otro, tal vez avance un poco en el conocimiento de sí mismo. Conocer profundamente a otro ser humano, conocerlo hasta sus rincones más íntimos, es visitar regiones de nuestra condición de las que podemos no regresar indemnes. Conocer las profundidades de los otros —y esto es lo que nos permite la novela— es correr riesgos incontables, y nadie lo hace con impunidad.

El origen del libro de Ford es una conversación que tuvo con Conrad nueve años antes de su muerte. Hablaban de biografías de escritores, y en particular de esas biografías oficiales de vidas sin especial interés, por las cuales los dos sentían una aversión parecida. Entonces estuvieron de acuerdo en que la vida de un escritor podía ser el tema de una suerte de monografía, a condición de que fuera escrita por un artista: a condición de que fuera una obra de arte. La cronología de una vida como la de Conrad, desde su nacimiento hasta su muerte, no hubiera bastado para transmitir esa vida; pero se podía buscar otra manera de hacerlo. Esto, escribe Ford, es lo que ha intentado en el libro que tenemos entre manos:

De manera que aquí, en la medida de la capacidad que me ha sido concedida, encontraréis una proyección de Joseph Conrad tal como, poco a poco, se reveló a un ser humano durante muchos años de estrecha intimidad. Es así como, poco a poco, Lord Jim se le apareció a Marlow, o como cualquier alma humana, poco a poco, se le aparece a cualquier otra alma humana. Pues, según nuestra visión de las cosas, toda novela debería ser la biografía de un hombre o de un asunto, y toda biografía de un hombre o de un asunto debería ser una novela, siendo ambas, si se realizan de forma eficiente, interpretaciones de tales asuntos como son nuestras vidas humanas.

Interpretaciones de las vidas humanas. Proust, o su representante Marcel, habría dicho *traducciones.* Pero el fondo es el mismo.

El problema con la gente real

Marcel, en una escena temprana de *En busca del tiempo perdido*, reflexiona sobre lo que nos ocurre durante la lectura de una obra de ficción, ese movimiento «hacia el descubrimiento de la verdad», y se detiene en el reparo que le hace su sirvienta Françoise: los personajes de las novelas, de todas formas, «no son reales». Y piensa Marcel:

> Pero todos los sentimientos que experimentamos por la felicidad o el infortunio de un personaje real sólo se producen en nosotros por intermedio de una imagen de esa felicidad o ese infortunio; el ingenio del primer novelista consistió en comprender que, en el aparato de nuestras

emociones, puesto que la imagen es el único elemento esencial, la simplificación que consistiría en suprimir pura y simplemente los personajes reales sería un perfeccionamiento decisivo. Un ser real, por más profundamente que simpaticemos con él, es percibido en buena parte por nuestros sentidos, es decir que permanece opaco, presentándonos un peso muerto que nuestra sensibilidad no consigue levantar.

En cambio, dice Marcel, los personajes ficticios no son percibidos por los sentidos, sino por el alma, y por eso nos apropiamos de sus acciones, las hacemos nuestras. ¿Es esto cierto? Contar a un personaje real presenta inmensas dificultades para el novelista, pues las presenta también para el lector: el personaje real, opaco e impenetrable, dificulta la operación delicada que es el eje de la lectura de ficción: esa identificación imaginativa con un ser que no somos nosotros, esa investigación en la vida secreta o invisible. Frente a Sergio Cabrera y su hermana Marianella, mi tarea de novelista consistió en inventar el lenguaje para tratar a mis personajes reales como si no lo fueran, para construir con ellos una relación que no fuera distinta de ninguna manera apreciable de la que había tenido en novelas anteriores: con el personaje ficticio de Carlos Carballo, el paranoico de *La forma de las ruinas*, o con Elaine Fritts o Ricardo Laverde, en *El ruido de las cosas al caer*, o con Javier Mallarino, el caricaturista de *Las reputaciones*.

En otras palabras, mi relación con Sergio Cabrera y su hermana tenía que ser en esencia la misma que tuvo Stendhal con Julien Sorel o Virginia Woolf con la señora Dalloway, única manera de permitirle al lector hacerse una imagen de sus felicidades y sus infortunios, única manera de conseguir, en palabras de Marcel, un libro que nos «perturbe a la manera de un sueño, pero un sueño más claro que todos los que tenemos al dormir y cuyo recuerdo perdurará mucho más». El proceso de escritura consistió en imaginar a mis personajes reales, no sólo en acumular sus vivencias por medio de la conversación o la entrevista; consistió no sólo en hacer acopio de sus hechos biográficos, sino en interpretarlos. La palabra que usa Ford es *rendering*: sí, eso es: dar una versión de ellos adquirida a través de un acto de imaginación que sólo puedo llamar moral, pero además dar una *interpretación* de los hechos que constituyen la secuencia de sus vidas, subrayando algunos y eliminando otros, desmontando y volviendo a montar, buscando la figura en la alfombra, sacando la estatua de la piedra.

Al principio de *Pastoral americana*, Nathan Zuckerman ha comenzado a hundirse en el misterio de una vida que aparentemente no tiene misterio alguno: la del Sueco Levov, su antiguo compañero de colegio. Después de un encuentro con

Jerry, hermano del Sueco, y de enterarse de que la vida del Sueco ha tomado un giro impredecible —después de enterarse de que la vida predecible de otro hombre resulta no ser tan predecible—, Nathan, que no por nada es novelista, comienza a inventar una historia sobre él, a tratar de interpretarlo con palabras. En los meses siguientes se dedica a eso: a «pensar en el Sueco durante seis, ocho, a veces diez horas seguidas, cambiar mi soledad por la suya, habitar en esa persona que se parece a mí menos que nadie, desaparecer en ella, intentar día y noche tomar la medida de la aparente blancura e inocencia y sencillez, trazar su colapso, hacer de él, a medida que pasaba el tiempo, la figura más importante de mi vida». Y luego tiene el «impulso de aficionado» de mandarle a Jerry una copia del manuscrito para preguntarle qué pensaba. «Fue un impulso que reprimí», dice: «No había escrito y publicado libros durante casi cuarenta años para no saber a estas alturas que era necesario reprimirlo».

Yo, en cambio, no sólo no lo reprimí, sino que le ofrecí el manuscrito a mi personaje: se lo ofrecí a Sergio. Nunca antes había corrido el riesgo de que mi propio personaje desaprobara mi historia; pero esta novela hablaba de asuntos que en mi país son altamente volátiles, que pueden ocasionarle a una persona incomodidades e incluso ataques diversos, y esos ataques, por la naturaleza de mi país o del momento polarizado y crispado que vivimos, pueden ser violentos. Reviso mis viejos mensajes de WhatsApp y encuentro un intercambio elocuente: Sergio me decía que tenía miedo. «A ver», le dije yo, tratando de quitarle hierro al asunto, «dime tres cosas que te den miedo». Y Sergio contestó con un mensaje inapelable: «La reacción de la derecha, la reacción de la izquierda y la reacción de mi familia».

De manera que me parecía no sólo conveniente sino imprescindible darle el derecho de arrepentirse, de editar o corregir las interpretaciones que yo había hecho sobre su vida: mis lecturas de su vida profunda. El novelista, traductor o intérprete de las vidas ajenas es también un historiador de las emociones, y durante meses yo había trazado la historiografía emocional de Sergio Cabrera. Para decirlo con Zuckerman, lo había habitado, había desaparecido en él, había intentado día y noche tomar la medida de su vida, que no era sencilla ni blanca ni inocente, sino extraordinariamente ambigua y contradictoria y llena de sombras. Y luego crucé los dedos para que él se viera a sí mismo como yo lo había imaginado.

Poco después me escribió: «Leer tu novela me ha hecho recordar lo que le pasaba al maestro Rafael Escalona». Se refería al legendario compositor de vallenatos: en los años noventa, Sergio había dirigido una serie para televisión basada en sus canciones, que eran todas ejercicios de autobiografía más o menos disfrazados. Escalona estaba vivo todavía cuando la serie salió al aire, y Sergio, que lo entrevistó después para otro proyecto, se dio cuenta de que el viejo músico había comenzado a mezclar sus propios recuerdos con las ficciones de la serie. «Se los apropiaba con una elegancia sorprendente», me dijo Sergio. «Recordaba por ejemplo haber visto el avión de Amelia Earhart en la Sierra Nevada de Santa Marta, lo cual nunca pasó, pero nosotros lo inventamos en uno de los capítulos. Y para Escalona había pasado a ser verdad. Pues lo mismo me pasa a mí», me dijo Sergio, «mis recuerdos se mezclan con los tuyos y ya no sé dónde terminan los míos y dónde empieza la ficción». Enseguida añadió: «Ahora sé cosas de mí mismo que antes no sabía».

Contar el misterio

Con ayuda de Joseph Hankinson, he estado identificando los lugares donde ocurren las novelas de Javier Marías, que vivió y trabajó en esta ciudad hace unas cuatro décadas. Una de esas novelas es *Tu rostro mañana*, que releo por estos días, y no sólo por la sensación de soledad que me ha dejado su muerte prematura, ocurrida hace menos de dos meses: es mucho lo que he aprendido desde la primera lectura de sus mil trescientas páginas, y la novela se da cuenta de que lo he hecho, de que ya no soy el lector inocente que se asomó al primer volumen con veintinueve años. Es aterrador y mágico ese momento en que las novelas se dan cuenta de lo que sabemos sus lectores, y nos sirven de confirmación como notarios de nuestra propia experiencia: es como si conocieran nuestros secretos. En esto pensaba esta mañana, durante una larga caminata con Joseph, que ha encontrado la casa donde vive el profesor Peter Wheeler: esa casa vecina del río Cherwell en cuyo jardín y en cuya biblioteca tienen lugar algunas de las páginas más importantes de la novela. O, por lo menos, las más importantes para mí: porque ilustran las ideas que he venido a explorar en Oxford.

El narrador es un hombre español que ha sido reclutado por un grupo misterioso y anónimo. Jacobo Deza (así se llama) tiene un talento singular para interpretar a los otros: para observarlos y escucharlos y adivinar cómo son en realidad, cómo actuarían en tal o cual circunstancia, cuándo mienten o fingen, qué se puede y no se puede esperar de ellos. Se trata de un talento útil, sobre todo en tiempos de conflicto. Allí, en la biblioteca de la casa de Wheeler que he podido ver por fuera, Deza pasa una larga noche leyendo libros sobre la guerra civil española, y la lectura lo lleva a recordar la traición de la que fue víctima su padre durante la dictadura franquista. «¿Cómo era posible que mi padre no hubiera sospechado ni detectado nada?», se pregunta él, que tiene en cambio el don de detectarlo todo: el don de ver

117

con claridad a los otros. «¿Cómo puedo no conocer hoy tu rostro mañana, el que ya está o se fragua bajo la cara que enseñas o bajo la careta que llevas, y que me mostrarás tan sólo cuando no lo espere?».

Un día habré de averiguar las razones de mi predilección por esas ficciones que pueden leerse —que nos piden que las leamos— como una metáfora de la ficción. La segunda parte del *Quijote* hace una crítica incomparable del género al que pertenece; *Hamlet* comenta la dramaturgia, *En busca del tiempo perdido* comenta la novela y Borges, en sus cuentos, comenta el género del cuento. También la novela de Marías me permite que la lea como una meditación, ambigua y lateral, y sobre todo indirecta, acerca del lugar de la literatura en nuestras vidas; o como una teoría de la literatura, de lo que hace y de cómo lo hace. En *Tu rostro mañana* se repite con frecuencia la palabra *interpretación*. El trabajo de Jacobo Deza consiste en «escuchar y fijarme e interpretar y contar». Más tarde habla de sus «tareas de invención, llamadas interpretaciones o informes», y, enseguida, de lo difícil que es no fiarse de nadie, ver a todos bajo la misma «luz suspicaz, recelosa, interpretativa». A su trabajo le convendrían las palabras con las que James Wood define lo que hacen las mejores ficciones, y lo que nos piden a los lectores que hagamos también: *serious noticing*.

La ética del novelista consiste en ir más profundo, en observar con más atención. Jacobo Deza lo describe bien: «A alguien se le ocurre una idea y normalmente con eso le basta, se detiene complacido ante el primer razonamiento o hallazgo y ya no continúa pensando, ni escribiendo con mayor hondura si escribe, ni exigiéndose ir más lejos; se da por satisfecho con la primera hendidura o ni siquiera eso: con el primer corte, con atravesar una sola capa, de las personas y de los hechos, de las intenciones y de las sospechas, de las verdades y los embelecos». En nuestro tiempo, dice, «no se soportan la indagación sostenida ni la perseverancia, el quedarse de veras en algo, para enterarse de ese algo». Hay que seguir mirando, escudriñando ese espacio donde la realidad parece no ofrecer más, ese espacio, escribe Marías, «donde uno diría que ya no puede haber nada».

No de otra manera se consigue romper las capas de lo conocido y hacer lo que hacen las mejores ficciones: revelar lo invisible, lo oculto, lo ignorado. Marías lo había dicho de otro modo en un ensayo de los años noventa. «A menudo recuerdo», escribe allí, «la existencia de algo que tiende a olvidarse y que antiguamente se llamó "pensamiento literario", diferente de cualquier otro, del científico y el filosófico y el lógico y el matemático y hasta el religioso o político [...]. A diferencia de otras clases de pensamiento, que sí son formas de conocimiento, el literario es más bien una forma de reconocimiento, para mí al menos. O dicho de una manera a la vez simple y enrevesada: es una forma de saber que se sabe lo que no se sabía que se sabía. Acaso porque no podía expresarse. La literatura que a mí me interesa leer —y por tanto intentar escribir— es muy variada. Pero toda participa de eso: no cuenta lo consabido, sino sólo lo sabido y a la vez ignorado. O, en menos palabras: sin poder explicarlo, cuenta el misterio».

Escultores

Hasta el día de su muerte, en 1911, el filólogo colombiano Rufino José Cuervo trabajó en un diccionario que nunca llegó a terminar. En la entrada del verbo *fingir* encuentro la definición siguiente: «Modelar, diseñar, dar forma a algo, a) dicho de objetos físicos como escultura y similares, tallar». Es una acepción que mi lengua ha olvidado hace tiempo, pero que parece estar más viva en lengua inglesa. En *El buen relato*, su conversación con la psicoterapeuta Arabella Kurtz, John Coetzee pregunta: «¿No son ficciones todas las autobiografías, todos los relatos de vida, al menos en el sentido de que son construcciones (ficción, del latín *fingere*, moldear o formar)?». Mi respuesta es que sí: no es distinto lo que hice con las vidas de la familia Cabrera. El acto de la fic-

ción es una operación sobre el material de la realidad, diseñada para que emerja un diseño —un
orden, podríamos decir— del magma original: el
caos de la experiencia humana. «No se trata para
mí de escribir lo que se llama, en sentido clásico,
una biografía», dice Marcelo Maggi en *Respira-*

ción artificial, la novela de Ricardo Piglia. «Intento más bien mostrar el movimiento histórico que se encierra en esa vida tan *excéntrica*». Ésta es una forma de entender las intenciones de mi novela.

Hace diez años, en este mismo lugar, Ali Smith recordó un soneto de Miguel Ángel, que traigo aquí en traducción del poeta Luis Antonio de Villena:

> *No tiene el gran artista ni un concepto*
> *que un mármol solo en sí no circunscriba*
> *en su exceso, mas sólo a tal arriba*
> *la mano que obedece al intelecto.*

Smith lo recordó en medio de una reflexión más amplia sobre «todos aquellos involucrados en el asunto de hacer formas estéticas, el asunto de ser dios». Para ellos, dijo, «las cuestiones y complicaciones de la presencia y la ausencia estética, el instinto y el oficio son complejas y están plagadas de arrogancia, humildad, esperanza, respeto». Es un poder aterrador, el de los escritores de ficciones: el poder de dar forma a una vida ajena, imponerle un sentido y extraer sus significados profundos, aunque quien la vivió no se haya percatado de ellos; el poder de revelar los secretos del ser humano. El fin de semana pasado, frente a la estatua que conocemos como la *Venus acurrucada*, pensé que esta versión era distinta de otras de la misma diosa: esta versión la sorprende tratando de

protegerse de la mirada de otro, de la mirada que en este momento es la nuestra. Recordé las palabras de madame de Staël: «Los antiguos nunca habrían hecho de su alma el tema de una ficción; era para ellos un santuario donde incluso su propia mirada habría tenido miedo de penetrar». Y entonces recordé una anécdota que supe hace poco. Parece que un lector le pidió a Marianella Cabrera que le firmara un ejemplar de *Volver la vista atrás* en la página donde aparece ella, a los quince años, llevando un pin de Mao en la camisa. La foto se la tomó Carl Crook, su novio de adolescencia durante esos años chinos. El lector, entonces, le preguntó cómo había sido realmente su vida. Ella, al parecer, dio un par de palmadas sobre la novela y contestó: «Mi vida es lo que diga este libro».

IV. Para la libertad

Noviembre 10, 2022

En la tumba de Berlin

Esta tarde, lenta caminata hasta la tumba de Isaiah Berlin, en el cementerio de Wolvercote. Es un lugar modesto: encuentro una lápida simple y sin adornos que se levanta entre el pasto crecido, en medio de otras lápidas, sin apenas espacio entre ellas. Hay unas pocas piedras que los visitantes han dejado allí; yo dejo la mía. No hay nadie más en la zona judía del cementerio; el sol de las tres pega sobre una banca, bajo un árbol de tronco grueso. Me siento allí para tomar un par de notas y luego, de regreso en St Anne's, busco *El fuste torcido de la humanidad*, un libro de los años noventa. Allí, en las primeras páginas, casi como una declaración de intenciones, Berlin recuerda su descubrimiento de la gran novela rusa, y en particular de Tolstói. El propósito de esos escritores, dice, no fue sólo trazar un retrato de su tiempo ni llevar a cabo un análisis psicológico o social del momento que narraron. «Su aproximación me parecía esencialmente moral», escribe Berlin. «Se preocuparon profundamente por las causas de la

injusticia, la opresión, la falsedad en las relaciones humanas, el aprisionamiento ya sea por muros de piedra o por conformismo —la sumisión sin protesta a yugos hechos por el hombre—, la ceguera moral, el egoísmo, la crueldad, la humillación, el servilismo, la pobreza, la impotencia, la amarga indignación y la desesperanza. En resumen, se preocuparon por la naturaleza de estas experiencias y sus raíces en la condición humana».

La ficción rusa —pienso en Tolstói, en Dostoievski, en Chéjov— es, entre muchas otras cosas, una dedicada indagación acerca de las razones por las que la vida de los seres humanos no es la que podría ser: las razones por las que erramos en nuestra persecución de valores como la dignidad, la libertad y la independencia. *Guerra y paz*, *Los demonios*, cuentos como «La dama del perrito», «Grosellas» y «Una historia deprimente»: podemos leer estas obras como espacios donde actúa —donde cobra realidad o agencia— nuestra pulsión de libertad.

Los dos niveles

Una de las ideas recurrentes en la obra de Berlin es cierta interrogación de la Ilustración francesa, y en particular de su convicción —en Comte, por ejemplo— de que los métodos que tanto habían contribuido a ampliar nuestro conocimiento del mundo natural podrían extenderse también a la naturaleza del ser humano: si el estudio de las ciencias había revelado leyes invariables que permitían comprender el comportamiento del universo (las plantas, los animales, los planetas), ¿por qué no habríamos de ser capaces de identificar las leyes análogas de la condición humana? La razón organizaría entonces la sociedad de tal manera que, señaladas las principales necesidades de la vida humana, se pudiera proceder a buscar —y, mediante la razón, encontrar— las formas de satisfacerlas. El comportamiento de los seres humanos estaba también, como la naturaleza, regulado por ciertas leyes inalterables, y sólo era cuestión de encontrarlas. Las ciencias sociales nacen con ese objetivo, en persecución de ese ideal; la historia de las ideas aparece cruzada por el afán de descubrir una fórmula que se aplique a todos, una ley universal que conduzca infaliblemente al mejoramiento de la vida de todos o a la resolución de los problemas que a todos nos afectan.

Berlin comprende muy pronto que eso no es posible; que la armonía total es un propósito irrealizable; que la diversidad de nuestros objetivos, nuestras convicciones y nuestras pasiones es tal que cualquier intento de reducirla a leyes generales fracasará desde el comienzo, pues en la realidad humana es posible que dos conjuntos de valores morales sean opuestos y contradictorios y resulten, al mismo tiempo, igualmente válidos; que sean incompatibles y al mismo tiempo resulten igualmente legítimos. Entrevió que la exploración de la naturaleza humana parecía basarse en criterios platónicos —la idea de que toda pregunta tiene una sola respuesta verdadera, y todas las demás respuestas son equivocadas—, y llegó a la conclusión de que eso no era cierto: que dos respuestas pueden ser opuestas y a la vez verdaderas. La naturaleza humana es ambigua, móvil, cambiante, impredecible;

está dominada por profundas contradicciones, por demonios y oscuridades que duermen en nuestro fuero interior, pero también por fuerzas externas, inasibles e incontrolables, que nos roban la libertad o hacen de la libertad algo ilusorio. En su intento por entender esos fenómenos, cada escuela de pensamiento se construye sobre la creencia en un orden, una clave, un plan que determina los sucesos de la historia y las características de las sociedades. Para Montesquieu se trata de las costumbres, la geografía y el clima; para Marx, de la influencia de las condiciones económicas; para Freud, de los factores inconscientes de la experiencia individual; para Sorel, en fin, de los mitos irracionales y las emociones colectivas. «Pero la clave», escribe Berlin, «se nos escapa».

Estas palabras aparecen en un ensayo de 1953: *El sentido de la realidad*. Berlin habla allí de los dos niveles que tienen cada persona y cada época. Por un lado, «una superficie pública, iluminada, fácil de notar, claramente descriptible, cuyas similitudes podemos abstraer con provecho y condensar en leyes»: éste es el mundo de las ciencias sociales. Por otro lado, existe bajo esa superficie «un camino que lleva hacia características cada vez menos obvias, pero cada vez más íntimas y penetrantes, mezcladas con los sentimientos y las actividades de forma demasiado estrecha como para distinguirse de ellos». Ese nivel de nuestra condición está hecho de «hábitos semiarticulados, suposiciones y formas de pensamiento no examinadas, reacciones seminstintivas, modelos de vida tan profundamente arraigados que no son percibidos de manera consciente». Esos movimientos profundos trastornan lo que sucede en la superficie, pero no son cuantificables con facilidad. Se trata de un mundo, dice Berlin, que exploran mejor los novelistas que los científicos sociales. En esos territorios, «Tolstói, Dostoievski, Kafka o Nietzsche han penetrado con más profundidad que John Buchan o H. G. Wells o Bertrand Russell». Lo que ocurre en ese nivel inferior es tan variado y tan impredecible que nunca tendremos el tiempo, la sutileza o la penetración para entenderlo a cabalidad, o, por lo menos, con la cabalidad suficiente para deducir una ley general. Pretender la extracción de alguna clave científica infalible es, dice Berlin, una de las afirmaciones más grotescas que jamás haya hecho el ser humano.

Y, sin embargo, la comprensión de lo que ocurre en ese nivel inferior, la intuición de esos mecanismos y esas dinámicas, es lo que divide a los hombres. Lo que separa a los sabios de los tontos, los ciegos de los clarividentes, son «aquellos ajustes que hacemos a lo que no puede medirse ni pesarse ni describirse completamente, esa capacidad llamada perspicacia imaginativa —o, en su punto más alto, genio— que muestran por igual los historiadores y los novelistas y los dramaturgos y las personas ordinarias dotadas de comprensión de la vida». Cuando esa comprensión falla o se desatiende, cuando construimos un relato basándonos solamente en lo visible y comprobable —en el nivel superior— y olvidando o despreciando el nivel de lo invisible, de lo que no se puede medir ni comprobar, las consecuencias políticas pueden ser enormes.

Berlin sostiene que eso es lo que ocurre, por ejemplo, con las revoluciones que a lo largo de la historia han tratado de echar abajo un mundo antiguo y defectuoso para crear uno nuevo. El punto de partida de esos movimientos es el mismo: la convicción de que la vida de los seres humanos se rige por leyes naturales que es posible descubrir, de que sus males se deben a la ignorancia de esas leyes y por lo tanto son susceptibles de curarse mediante la aplicación de planes precisos y una reorganización radical de la vida de todos. Pero no es así: hay fuerzas profundas que nos empujan en direcciones que no hemos previsto. Todas las teorías políticas que intentan que la sociedad se mueva en un sentido determinado —todas esas narrativas que tratan constantemente de moldear nuestras vidas— se construyen con abstracciones, con hechos externos susceptibles de inspección pública. «Debajo de ellos», dice Berlin, «en varios niveles de complejidad cada vez mayor, existe una complicada red de relaciones que implican toda forma de relación humana, cada vez menos susceptible de ser clasificada, cada vez más opaca para la mirada del hombre cuya teoría busca desentrañar su textura». Todo intento de reformar la vida humana con base en una visión de leyes generales y calculables, dice Berlin, acaba siendo insensato, doctrinario, utópico. Y concluye con estas líneas que no me resisto a transcribir *in extenso*:

> Las reformas que tales consideraciones nos sugieren, ya sean de izquierda o de derecha, no tienen en cuenta el único método por el que se consigue algo en la práctica, ya sea bueno o malo, el único método de descubrimiento, la respuesta a las preguntas que son propias de los historiadores, a saber: ¿qué hacen y sufren los hombres, y por qué y cómo? La opinión según la cual las respuestas a estas preguntas se pueden obtener mediante la formulación de leyes generales, a partir de las cuales se pueden predecir con éxito el pasado y el futuro de los individuos y las sociedades, es lo que ha llevado a conceptos erróneos tanto en la teoría como en la práctica: a historias y teorías fantasiosas y pseudocientíficas sobre el comportamiento humano, abstractas y ordenadas aun a expensas de los hechos, y a revoluciones y guerras y campañas ideológicas llevadas a cabo sobre la base de una certeza dogmática sobre su resultado: vastos y equivocados conceptos que han costado la vida, la libertad y la felicidad a un gran número de seres humanos inocentes.

Podríamos decir entonces que existe, en el nivel superior, un relato cuyo narrador es un conjunto de fuerzas sociales o políticas que son racionales o quieren presentarse como racionales; y otro relato, en el nivel inferior, hecho con fuerzas menos susceptibles de análisis, a veces irracionales y a veces simplemente incomprensibles mediante los métodos de la razón. En esos relatos, podría decir uno, actúan o se filtran los descontentos, las frustraciones, las insatisfacciones, las pulsiones ocultas de una sociedad, sus demonios y sus fantasmas. Las ficciones que produce una sociedad son con frecuencia un intento por iluminar estos espacios, sobre todo cuando ningún otro relato —ni el periodismo, ni la historiografía— parece tener el lenguaje necesario para hablar de ellos.

¿Puede ser la ficción el terreno donde una sociedad cuestiona el relato que intentan imponerle sus líderes sociales o políticos, o —para recuperar una expresión que Berlin usa con frecuencia— sus *hombres de acción*? Creo que la pregunta es válida. El relato superior está construido con certezas; la literatura opone a él un lugar fabricado con nuestras incertidumbres, nuestras dudas, nuestras ambigüedades.

Consentimiento y disidencia

«Es posible separar la literatura de consentimiento que coincide, en general, con los siglos antiguos y los siglos clásicos, de la literatura de disidencia que comienza con los tiempos modernos». Así comienza Albert Camus su reflexión sobre la novela en *El hombre rebelde*. Como ejemplo de la primera literatura incluye *Teágenes y Cariclea* y *La Astrea*, es decir, una obra del siglo II o III antes de Cristo y una contemporánea del *Quijote*: podemos asumir entonces que el criterio para definir la literatura de consentimiento no es tan sólo cronológico. Se trata, nos dice Camus, de obras en las cuales no interesa la historia, sino la fantasía, y que valdría mejor llamar cuentos, no novelas. (La palabra *conte*, en francés, tiene un significado aproximado al de la palabra inglesa *tale*, distinto, respectivamente, de *nouvelle* o *short story*. En español el asunto se complica un poco, pues sólo hay una palabra, *cuento*, para dos géneros muy distintos. Otro día escribiré sobre eso). «La novela», escribe Camus, «nace al mismo tiempo que el movimiento crítico y revolucionario: es decir, al mismo tiempo que el espíritu de rebeldía. Y traduce, en el plano estético, la misma ambición».

¿Qué ambición es ésa? Camus nos dice: la de competir con Dios; la de crear universos completos y autosuficientes. En estas líneas oímos ecos de una carta de Flaubert a mademoiselle Leroyer de Chantepie: «El artista debe ser en su obra como Dios en la creación, invisible y todopoderoso; que se le sienta en todas partes, pero que no se le vea». Y también de Joyce, en la voz de Stephen Dedalus: «El artista, como el Dios de la creación, permanece dentro o detrás o más allá o por encima de su obra, invisible, depurado de la existencia, indiferente, limándose las uñas». No hay que sorprenderse por estas coincidencias: en el siglo xx, nadie leyó mejor a Flaubert que Joyce; nadie, quiero decir, con la probable excepción de Mario Vargas Llosa. Lo cual me lleva a otro asunto: durante muchos años, Vargas Llosa fue más de simpatías sartreanas, y sin embargo se apropió de la metáfora de Camus para hablar de aquellos novelistas que parecen matar a Dios y colocarse en su lugar: los novelistas deicidas, los llamó, y su libro sobre *Cien años de soledad* se titula *Historia de un deicidio*. Vargas Llosa cree que hay novelistas —García Márquez, y antes de él Faulkner, y antes de él Joyce y Flaubert y Balzac y Laurence Sterne y Cervantes— cuya ambición, que llama totalizante, toma la forma de una competencia con Dios. Quieren crear en sus novelas mundos abarcadores y autónomos, tan ricos y variados como el mundo en que habitamos. Una de esas novelas, por supuesto, es *Conversación en La Catedral*, cuyo epígrafe es una frase de Balzac que para mí siempre ha tenido el lugar de una brújula:

«Hay que haber excavado en toda la vida social para ser un verdadero novelista, puesto que la novela es la historia privada de las naciones».

La vocación deicida es inseparable de un inconformismo radical: nadie trata de inventar un mundo si está satisfecho con el que ya existe. El novelista, en este sentido por lo menos, es siempre, de alguna forma, un rebelde; la novela, tal como yo la entiendo, es siempre un acto de rebeldía. Las manifestaciones de esta rebeldía son diversas, pero invariablemente son, para mí, inseparables de una cierta actitud de la novela ante el mundo, ante los postulados del mundo. Volvamos a Camus, que construye en su ensayo una oposición entre el revolucionario y el rebelde, entre revolución y rebeldía. La revolución persigue lo absoluto: la justicia absoluta, por ejemplo, aun si para lograrla es necesario reducir la libertad del hombre e incluso sacrificar su vida. El rebelde, en cambio, sólo puede prometer una justicia relativa, pues su mundo tiene límites: lo limita la humanidad ajena y también su dignidad. «Su universo es el de lo relativo», dice Camus. «Entre Dios y la historia, el yogui y el comisario, la revuelta abre un camino difícil donde las contradicciones pueden vivirse y superarse».

Camus ya no está hablando en este pasaje de novelas ni de novelistas, pero en esa pasión por lo relativo, en ese camino que se abre en una realidad hecha de contradicciones, me parece detectar

138

una actitud novelística. Como el rebelde de Camus, la novela siente una profunda desconfianza hacia lo absoluto; el novelista —el novelista genuino, no el intelectual que escribe novelas— recela de cualquier imposición, por nobles que sean sus propósitos, por más que el ciudadano esté de acuerdo con ellos. En los años sesenta, la Revolución cubana puso sobre la mesa de la literatura latinoamericana, a la cual habían llegado los debates sangrientos entre Sartre y Camus, el espinoso problema del compromiso: la revolución les pedía a los escritores aprovechar su voz y usar su literatura para traer lo absoluto (ya lo saben ustedes: el hombre nuevo, la sociedad perfecta) a la imperfecta realidad. Las tensiones que eso provocó son innumerables.

En una conversación que tuvieron en Lima, en septiembre de 1967, Vargas Llosa le pregunta a García Márquez para qué sirve un escritor, y la respuesta da buena cuenta del momento que se vivía: «Pienso que seguramente la literatura, y sobre todo la novela, tiene una función. Ahora, no sé si desgraciada o afortunadamente, creo que es una función subversiva, ¿verdad? En el sentido de que no conozco ninguna buena literatura que sirva para exaltar valores establecidos». Pero siente de inmediato la necesidad de aclarar o matizar: esta función de la literatura debe darse a condición de que las consecuencias subversivas no sean deliberadas o previstas. «Si esto es previsto», dice, «si es deliberada la función subversiva del libro que se está escribiendo, desde ese momento ya el libro es malo». En medio de un momento político que les reclama a los novelistas militancia y compromiso sin fisuras, el novelista que hay en García Márquez repudia la instrumentalización política de la novela y reivindica la libertad del artista: «Cuando yo me siento a escribir un libro», dice, «es porque me interesa contar una buena historia».

Las carcajadas del paje

El universo de la novela —o su ética, o su cosmovisión— rechaza los absolutos, que le parecen inhumanos y peligrosos. El lenguaje de la novela no puede hablar desde absolutos porque su naturaleza es la de la incertidumbre; el espacio de la novela es uno de ambigüedad fundamental, y es muy posible que este carácter particular sea justamente lo que la convierte en un terreno privilegiado.

No es otra cosa lo que descubre el *Quijote*. En ese cambio de siglo, en ese paso estremecido del xvi al xvii, el mundo ha cambiado y necesitamos, sus habitantes, nuevos instrumentos para explorarlo, nuevas formas de pensarlo: la novela de Cervantes abre un espacio donde no hay dogmas ni leyes absolutas, porque todo tiene más de un lado. La existencia humana, en este mundo del que los dioses comienzan lentamente a ausentarse, necesitaba una máquina narrativa que la contara de manera distinta. El *Quijote* propone un cuestionamiento de todas las jerarquías, una dura discusión de todos los ordenamientos —civiles, religiosos, políticos—, pero la dimensión con la que lo hace es novedosa: es lo que el crítico Jordi Gracia ha llamado «la conquista de la ironía». Décadas atrás, François Rabelais se había asomado a estos territorios. No puedo asegurarlo, pero es muy posible que los dos autores estuvieran en la mente de Camus cuando hablaba del «movimiento crítico y revolucionario» que acompaña el nacimiento de la novela moderna. ¿Qué tienen en común? Incluso antes de la ironía cervantina, lo más evidente es el humor abierto: la rebeldía o subversión se da así, por medio de la risa, de la risa cáustica a veces y a veces apenas sugerida, de la risa capaz de romper solemnidades y ridiculizar a los poderosos. A Kundera le gusta recordar una palabra inventada por Rabelais, *agelasta*, que describe a los que no saben o no quieren o no pueden reír. Para Rabelais, igual que para Kundera, los agelastas son peligrosos, gente a la cual hay que temer, y uno puede detectar en esta queja el miedo que Kundera les tenía. Lo dejó bien retratado en *La broma*, que no es otra cosa que la historia de una vida destruida por fanáticos sin humor: cuando Ludvik escribe una carta irreverente que no les hace gracia a sus compañeros comunistas. Esto es importante: que son *los otros*, los agelastas, quienes destruyen al bromista. «¡Cómo quisiera revocar toda la historia de mi vida!», dice Ludvik. «Pero ¿con qué derecho podría hacerlo, si los errores que la hicieron nacer no fueron *míos*? De hecho, ¿*quién* se equivocó cuando la broma de mi carta fue tomada en serio?». Entre los fanáticos, políticos y religiosos, es más cierto que nunca que el infierno son los otros.

Cuenta Nabokov, en sus *Lecciones sobre literatura*, que una mañana el rey Felipe III de España se asomó a su balcón y vio, debajo de un alcornoque, a un joven estudiante que soltaba estruendosas carcajadas mientras leía un libro. «El rey comentó que aquel individuo o estaba loco o estaba leyendo el *Quijote*», escribe Nabokov. «Un veloz cortesano corrió a averiguarlo. El individuo, como ya se habrán imaginado ustedes, estaba leyendo el *Quijote*». La anécdota no pasa de ser una curiosidad para Nabokov; yo veo otra cosa en los afanes del rey. La risa del hombre que lee un libro lo amenaza, lo intimida, porque hay algo en esa relación —lo que un libro dice y la risa que eso le causa a un hombre del pueblo— que escapa a su control y a su dominio. En ese espacio, abierto entre el libro y su lector, se extingue la soberanía del monarca, deja de tener efectos prácticos. En ese espacio, el rey no manda. Una distorsión se ha instalado en las relaciones de poder. Al principio de la segunda parte del *Quijote*, el bachiller Sansón Carrasco cuenta a don Quijote que «los que más se han dado a su letura son los pajes: no hay antecámara de señor donde no se halle un *Don Quijote*». La lectura de los pajes, si cada paje ríe como reía el estudiante, resulta profundamente subversiva.

(Y vengadora: pues su objeto es esa nobleza española a la que Cervantes le guardaba, no sin razón, cierto rencor. A pesar de su heroísmo en Lepanto, a pesar de sus días de cautiverio en Argel, Cervantes no había conseguido un lugar decente en su propia tierra. Pero esto es otra conversación. De momento, recordaré —es Irving Leonard quien nos lo recuerda— que el *Quijote* fue prohibido por la Inquisición en las colonias españolas, y tuvo que entrar de contrabando, por el puerto de Lima, escondido en barriles de vino).

Ficciones sociales

A mediados de los años ochenta, poco después de publicar *Respiración artificial*, el novelista argentino Ricardo Piglia concedió una serie de entrevistas sobre la relación entre la ficción y la sociedad. Reflexionando sobre el modo en que la novela argentina ha dialogado con la política a lo largo de los años, Piglia se preguntaba: «¿Cómo funciona la ficción en la sociedad? ¿Cuál es el poder de la ficción? Hay una red de ficciones que constituye los fundamentos mismos de la sociedad. Las novelas trabajan sobre esas narrativas sociales, las reconstruyen, les dan forma. La pregunta, de hecho, sería: ¿cómo reproducen y transforman las novelas esas ficciones que se generan y que circulan en una sociedad determinada?». Responder a estas preguntas es nombrar, por lo menos parcialmente, el lugar que tiene la ficción entre nosotros.

Para Piglia, *novelas* y *ficciones* son dos entidades distintas. Es decir, las ficciones a las que se refiere no son las contenidas en las novelas: ve la sociedad como una trama de relatos, una serie de historias inventadas que circulan entre las personas. La sociedad, en esta metáfora, es un denso tejido en el que cada hilo representa una de las historias sobre las cuales construimos nuestras vidas.

«Hay un circuito personal, privado, de la narración», dice Piglia. Pero también, por otra parte, «hay una voz pública, un movimiento social del relato. El Estado centraliza esas historias; el Estado narra. Cuando se ejerce el poder político se está siempre imponiendo una manera de contar la realidad. Pero no hay una historia única y excluyente circulando en la sociedad».

Claro que no: lo que hay, dice Piglia, es una trama de relatos. Hay que fijarse bien en esa palabra, *trama*, que no sólo significa «tejido» o «conjunto de hilos que forman una tela», sino también «complot», «conspiración», «artificio con que se perjudica a alguien». («La historia es la que para mí arma estas tramas», dice Marcelo Maggi en *Respiración artificial*). Hay que tener en cuenta que estos comentarios se hicieron en 1984; son indisociables de la experiencia de Piglia como ciudadano argentino que acababa de vivir una dictadura asesina. Cuando se le pregunta cuáles serían los relatos en ese momento, qué historias constituirían la trama, Piglia no duda: «La conspiración», dice. «La concepción conspirativa de la historia tiene la estructura de un melodrama: una fuerza perversa, una maquinación oculta explica los acontecimientos». Claro, Piglia había asistido recientemente a un acontecimiento extraordinario y traumático: el golpe de Estado de 1976.

El golpe que destituyó a Isabelita Perón puso en marcha un régimen totalitario con el nombre elocuente (y aterrador) de Proceso de Reorganización Nacional: terrorismo de Estado, secuestro programado y apropiación de los recién nacidos por parte del régimen, desaparición de miles de ciudadanos. Los tiempos de crisis cambian el lenguaje, y en aquellos días el verbo *desaparecer*, contradiciendo siglos de gramática, pasó a ser transitivo: «La dictadura desapareció a mi hija». Piglia explica cómo, en los meses previos al golpe, el relato nacional empezó a cambiar: «Se construyó una versión de la realidad, los militares aparecían en ese mito como el reaseguro médico de la sociedad. Comenzó a circular una teoría según la cual un cuerpo extraño había penetrado en el tejido de la sociedad y debía ser extirpado. Se avanzaba, en público, lo que en secreto se haría con los cuerpos de las víctimas. Todo se decía sin decir nada».

La nueva narrativa —implantada e impuesta por el Poder, ese extraordinario contador de historias— creó las condiciones sociales para que el horror tuviera lugar, para que fuera aceptado o tolerado por una parte de la sociedad. Todo era una ficción, por supuesto, pero esta ficción estructuró la historia argentina durante años. Y sin embargo, dice Piglia, «siempre hay una versión de los vencidos». Pone el ejemplo de los días anteriores a un conflicto con Chile, cuando los militares argentinos quisieron inventar una guerra para dar un pretexto —narrativo— a la desaparición de miles y al terrorismo de Estado. «La gente empezó a contar la historia de alguien que había contado que alguien había visto pasar un tren que iba hacia el sur cargado de féretros vacíos», dice Piglia. «Los ataúdes eran para enterrar a los soldados que iban a morir en esa guerra. Estaba todo ahí, los féretros vacíos anticipaban los muertos que venían y narraban implícitamente lo que estaba pasando con los desaparecidos».

Lo que Piglia describe es un relato popular, inventado desde las márgenes del relato oficial, que acaba funcionando como mecanismo de resistencia. La gente inventa historias para defenderse de las historias que el Poder inventa contra ella. A veces, ese relato es efímero, desaparece enseguida, o se olvida; cuando mejor funciona, se condensa en una ficción literaria. La novela tiene a veces ese papel en las sociedades en conflicto: en ella se filtran (podríamos decir: bajan al nivel inferior de Berlin) los descontentos, las frustraciones, las impotencias de la sociedad frente al relato oficial, frente al férreo control que pueden ejercer los poderes fácticos sobre el relato en que vivimos todos. La novela —en realidad, las artes narrativas, incluidas las artes plásticas cuando funcionan de cierta manera— opera como un *contrarrelato*; o, podríamos decir, como un relato disidente. A Piglia le gustaba mucho recordar aquella idea de Paul Valéry: es imposible gobernar una sociedad solamente mediante la coerción; siempre se necesitan ficciones. Es decir, el Estado como depositario del poder político se convierte en narrador, porque no se puede ejercer el poder sin convencer a la sociedad, sin hacer que la sociedad crea en un relato: y ese relato siempre es, en alguna medida, una ficción.

Definidores y definidos

En una escena de *Beloved*, la novela de Toni Morrison, un amo tiene una discusión con su esclavo y, aunque el esclavo tiene razón, el amo lo castiga cruelmente. Lo hace, dice la novela, para que el esclavo no olvide una verdad esencial: que las definiciones pertenecen a los definidores, no a los definidos.

Beloved es una novela sobre historias: los personajes se reúnen en torno a ellas, las reciben de otros, las imponen a otros. Las historias hablan del pasado, y el pasado es un lugar oscuro y doloroso. En otra escena, Denver, la hija de la protagonista, le cuenta la historia de su nacimiento a Beloved, una joven misteriosa que ha aparecido en su puerta. En ese relato hay un momento en que su madre —la madre de Denver— está huyendo de sus dueños esclavistas, embarazada y despavorida, consciente de que los hombres que la persiguen están armados y tienen perros de olfato entrenado. A medida que Denver cuenta la historia, se percata de las reacciones de su público: ese público de una sola persona. «Mientras observaba el rostro alerta y hambriento de Beloved, la forma como asimilaba cada palabra, las preguntas que hacía sobre el color de las cosas y su tamaño, su ansia sincera de saber, Denver empezó a ver lo que ella misma estaba diciendo y no sólo a oírlo». Y entonces escribe Morrison:

Denver lo estaba viendo ahora y sintiéndolo a través de Beloved. Sintiendo lo que debió de sentir su madre. Viendo cómo debió de parecerle.

Y cuantos más detalles aportaba, más le gustaba el relato a Beloved. Así que empezó a anticiparse a sus preguntas, llenando con sangre los despojos de la historia que su madre y su abuelo le habían contado.

Cada línea de este pasaje suena como la confesión de un novelista deseoso de satisfacer la curiosidad de su lector, que simultáneamente cuenta la historia y la vive: a través de sus propias palabras, la narradora experimenta la vida de otro. Me gusta la idea de proporcionar detalles narrativos como si se tratara de una transfusión de sangre al cuerpo de la historia que uno ha recibido, y ahora no logro recordar quién decía que los detalles son la sangre de la ficción. Pero lo importante aquí es el hermoso acto de apropiación que Denver lleva a cabo con su propia historia: la toma de las versiones que ha recibido —las versiones que ha heredado— y la hace suya, y todo eso ocurre a través de la imaginación verbal, que es, por supuesto, otra manera de decir imaginación moral. Denver está escribiendo el libro de su vida a través de la memoria; al hacerlo, está lentamente comprendiendo la historia de sus padres (comprendiendo a través de las emociones: sintiendo lo que debió de sentir su madre), pero también creando un pasado para sí misma, una biografía, una identidad.

Las novelas examinan a su manera las preocupaciones del novelista: en un documento personal, escrito años después de aquella novela pero publicado sólo tras su muerte, Morrison contaría cómo se basó en la memoria más que en la historia para escribir *Beloved*, «porque sabía que no podía, no debía, confiar en que la historia registrada me diera una visión de la especificidad cultural que quería». Tampoco podía confiar, dice, en su propia tradición literaria. «Comprenderán ustedes lo imprudente que habría sido confiar en Conrad o Twain o Melville o Stowe o Whitman o Henry James o James Fenimore Cooper, o Saul Bellow en su caso, o Flannery O'Connor o Ernest Hemingway para conocer mi propia cultura». Y concluye: «Había y hay otra fuente que tengo a mi disposición: mi propia herencia literaria de narraciones de esclavos».

Entiendo lo que dice, por supuesto. Pero propongo —me atrevo a proponer— la posibilidad de que esa herencia invisible u obliterada, la herencia de las narraciones de esclavos que han quedado fuera de la historia oficial, relegados a los márgenes o al subsuelo de la experiencia norteamericana, haya podido recuperarse en la obra de Toni Morrison gracias a la forma, las estrategias y el lenguaje de una tradición novelística que, sí, es la de Conrad y Melville y Hemingway. No son necesariamente los nombres que asocio a las ficciones de Morrison, pero se requeriría de grandes malabares críticos para no encontrar en *Beloved* o en *Jazz* la presencia de Faulkner o incluso de *Cien años de soledad*, una novela que viene de Faulkner y de Hemingway (tanto como de Kafka, Camus y Virginia Woolf). Esa tradición no puede ser fuente de conocimientos olvidados (sobre una cultura, sobre un pasado), pero sí la herramienta que permita rescatarlos del olvido, rebelarse contra la hegemonía de la otra cultura: oponer resistencia a la historia unívoca o monolítica. Esto es también, me parece, lo que Camus llama literatura de disidencia: que las definiciones, de una vez y para siempre, dejen de pertenecer a los definidores.

Libertad

Toda pérdida de libertad es, en parte, narrativa. La agresión brutal que sufrió Salman Rushdie hace unos meses no sólo es un atentado injustificable contra la vida de un hombre, sino una bomba puesta en el corazón de la que tiene que ser nuestra libertad más preciada: la de imaginar y luego contar lo que imaginamos. Hace once años, en un discurso que dio por invitación del PEN catalán, Rushdie dijo lo mismo que ha dicho tantas veces, pero lo dijo aquella vez con palabras especialmente precisas:

¿Quién tiene el poder de contar las historias de nuestras vidas y de determinar no sólo qué historias se pueden contar, sino también de qué forma se pueden contar, cómo tienen que contarse? Evidentemente hay historias en las que todos nosotros vivimos, la historia de la cultura y la lengua en las que vivimos, la Historia en la que vivimos y, de hecho, las estructuras éticas en las que vivimos, una de las cuales es la religión. ¿Quién debería tener poder sobre estas historias?

La problemática respuesta es: nadie. Es parte de la naturaleza de la imaginación literaria no reconocer poder ninguno sobre ella, no reconocer ninguna autoridad. La literatura de imaginación ha representado a veces un peligro o una amenaza porque no se debe a nadie, porque no responde ante nadie: va por libre, y esa libertad es incómoda. En *El maestro y Margarita*, Bulgákov nos entregó una de las metáforas más bellas de esta resistencia de la literatura. Woland, sorprendido por la revelación de que el maestro ha escrito una novela sobre Poncio Pilatos, le pide ver el manuscrito. El maestro responde que eso es imposible, pues, insatisfecho, lo quemó en su estufa. «Lo siento, pero no le creo», dice Woland. «Eso es imposible. Los manuscritos no arden». Y es por esta naturaleza —rebelde, disidente, soberana— por lo que la literatura ha sufrido ataques constantes, siempre, no sólo en los tiempos que llamamos modernos.

En *La Haine de la littérature*, William Marx recuerda que el asunto no es nuevo. La literatura es aquello que se exilia, dice Marx, refiriéndose a la célebre expulsión de los poetas de la ciudad ideal que Sócrates imagina en *La república* de Platón. La autoridad, en esta ciudad ideal, es ejercida por el filósofo, que busca la verdad; el poeta, para Platón, es culpable de mentir y engañar. Es una criatura peligrosa, en suma, pero no porque mienta, que lo hace, sino por «tratarse de mentiras que el Estado no controla». En el libro III, en medio de la discusión sobre los excesos cometidos por el pobre Homero y las cosas que, en la nueva sociedad, no se les deben permitir a los poetas, se llega a esta conclusión fascinante: «Si alguien debe tener el privilegio de mentir, los gobernantes del Estado han de ser esas personas; y a ellos, en su trato con los enemigos o con sus propios ciudadanos, se les puede permitir la mentira por el bien público. Pero nadie más debe inmiscuirse en nada de este tipo». Menos que nadie, el poeta, esta criatura capaz de ser uno y ser varios, tan difícil de controlar. «Al poeta, ¡despídanlo!», escribiría siglos después, en la Cuba de la Revolución, Heberto Padilla. «Ése no tiene aquí nada que hacer».

La historia de la novela moderna es una lucha por decir lo que alguien cree que no se debe decir, e incluso por pensar lo que alguien cree que no se debe pensar. Eso le ha granjeado la hostilidad de totalitarismos y religiones (que tienen en común la obsesión por dominar no sólo el comportamiento visible de los ciudadanos o súbditos o fieles, sino también su fuero interno), pero también la de otras fuerzas o poderes más imprecisos y etéreos e inasibles, como los reclamos identitarios de las modas culturales más intransigentes. Hace un mes, al comienzo de estas conferencias, me referí a algunas de esas fuerzas que son muy de nuestro tiempo, pero estuve lejos de agotar el inventario. Esta actividad extraña de leer novelas, el «intento por comprender el destino humano caso por caso», como dejó escrito la novelista fícticia Elizabeth Costello, tiene lugar en un mundo, el nuestro, cuya mentalidad prevalente se las arregla para ser al mismo tiempo narcisista y puritana, y donde la propuesta que nos hace la ficción —la dedicada observación, durante horas enteras, de una sola persona— es sin duda sediciosa, disidente en sí misma. Theodor Adorno anotó que uno de los rasgos distintivos de un fascista es una profunda aversión a la introspección o a quienes llaman a la introspección: por supuesto, la identificación de grupo no puede funcionar si los miembros del grupo miran hacia dentro. ¿Cómo puede la novela, la forma más introspectiva de todas, sentirse cómoda en un mundo donde la identidad de grupo, tan específica como sea posible, es la base de todo?

Sea como sea, ya se ha vuelto cotidiano señalar que vivimos tiempos de nuevos fanatismos. Por supuesto, cada generación tiene la impresión indeleble de que el suyo es el tiempo más violento y el más mentiroso. En 1888, Chéjov le escribió

a Aleksey Pleshcheyev, un poeta respetado que se había convertido en una suerte de mentor, una carta que sus lectores visitamos con frecuencia. Chéjov se defiende en ella de los intentos, desde varios sectores de la sociedad en la que escribía, por encasillarlo en los sectarismos y las doctrinas que moldeaban los debates y las conversaciones del momento. «Odio las mentiras y la violencia en todas sus formas», escribe. «Para mí, lo más sagrado es el cuerpo humano, la salud, la inteligencia, el talento, la inspiración, el amor y la libertad más absoluta que pueda imaginarse, libertad de toda violencia y toda mentira, sin importar qué forma tomen estas últimas. Tal es el programa al que me adheriría si fuera un gran artista». Más que el programa de un artista, yo veo en esas líneas un breve (pero abarcador y ambicioso) manifiesto humanista. Pero no seré el primero en notar, en el aire de nuestros tiempos, que el proyecto humanista, ese mundo nuevo que comenzó hace poco más de seiscientos años y del cual la novela hace parte esencial, tiene visos de agotamiento, o nuestra especie parece dispuesta a dejarlo lentamente atrás, por desinterés o por ceguera o por distracción.

Ante esto, ¿qué puede hacer la ficción? Nada, en realidad. La ficción no ejerce ningún tipo de transformación inmediata. No puede ofrecer más que libertad: libertad de pensamiento, libertad de juicio, libertad de los diversos tipos de proselitismo que nos acosan y nos reclaman. No puede ofrecer nada más que un espacio de ironía, un lugar dónde la ambigüedad esencial de la vida humana se busca en lugar de recelarse. No puede ofrecer nada más que la posibilidad de imaginar a otros, tal vez permitiéndonos un tipo de conocimiento que no está disponible en otras partes, tal vez satisfaciendo nuestra infinita curiosidad sobre nuestros semejantes, tal vez incluso abriéndonos la puerta de nuestros lados más oscuros, nuestros secretos y misterios, los monstruos y demonios que llevamos dentro. No puede ofrecer nada más que un acceso directo a las vidas ajenas, una ruptura con las limitaciones de nuestras limitadas perspectivas, con la camisa de fuerza de nuestra propia experiencia. La ficción no puede ofrecer nada más que un espacio de resistencia: resistencia contra la manipulación y la falsificación y la mentira; resistencia de la memoria contra el olvido; resistencia de la complejidad contra el fundamentalismo. «Si la verdad es una y universal», dice Camus en *El hombre rebelde*, «la libertad no tiene razón de ser». Y tampoco la ficción, desde luego. La ficción existe porque nuestras verdades son diversas y porque hay fuerzas que limitan nuestras libertades; la ficción existe, para decirlo de otro modo, porque no aceptamos de buen grado que la vida humana tenga límites. Tal vez por eso la seguimos necesitando: por pura rebeldía.

Agradecimientos

Por su hospitalidad, su conversación o su compañía durante mis días en Oxford, o por las formas diversas y a veces abstractas en que mejoraron este libro o atenuaron sus defectos, quiero mencionar con gratitud a Gwen Burnyeat, Javier Cercas, Joseph Hankinson, Daniel Kehlmann, Helen King, Carolina López, María Lynch, Alberto Manguel, Patrick McGuinness, Mariana Montoya, Dominic Moran, Tinashe Mushakavanhu, Georgia Nasseh, Eduardo Posada Carbó, Carolina Reoyo, Pilar Reyes, Matthew Reynolds, Philippe Sands, Zadie Smith, Bill Swainson, Olivia Vázquez-Medina y Deborah Walker. Finalmente: Annabelle Whitestone, baronesa Weidenfeld, en cuya presencia pronuncié la primera de estas conferencias y con cuyo apoyo pronunciarán otros escritores las suyas en los años por venir.

Este libro se terminó
de imprimir en
Casarrubuelos, Madrid,
en el mes de
agosto de 2023

«Para viajar lejos no hay mejor nave que un libro».

Emily Dickinson

Gracias por tu lectura de este libro.

En **penguinlibros.club** encontrarás las mejores
recomendaciones de lectura.

Únete a nuestra comunidad y viaja con nosotros.

penguinlibros.club

Penguin
Random House
Grupo Editorial

penguinlibros